문지스펙트럼

우리 시대의 지성
5-003

지식인됨의 괴로움

김병익

문학과지성사

우리 시대의 지성 기획위원

김병익 / 정과리 / 최성실

문지스펙트럼 5-003

지식인됨의 괴로움

지은이 / 김병익
펴낸이 / 김병익
펴낸곳 / 문학과지성사

등록 / 1993년 12월 16일 등록 제 10-918호
주소 / 서울 마포구 서교동 363-12호 무원빌딩 4층 (121-210)
전화 / 편집부 338)7224~5 · 7266~7 팩스 / 323)4180
영업부 338)7222~3 · 7245   팩스 / 338)7221

제1판 제1쇄 / 1996년 12월 5일
제1판 제2쇄 / 1997년 6월 3일

값 5,000원
ISBN 89-320-0861-2
ISBN 89-320-0851-5

ⓒ 김병익
지은이와 협의에 의해 인지는 생략합니다.
이 책의 판권은 지은이와 문학과지성사에 있습니다.
양측의 서면 동의 없는 무단 전재 및 복제를 금합니다.

잘못된 책은 바꾸어드립니다.

지식인됨의 괴로움

책머리에

　'문지 스펙트럼'의 편집진으로부터 받은 부탁에 따라, 우리의 지식인, 지식 사회, 지성에 관련된 기왕의 내 글들 중, 70년대의 것 2편, 80년대의 것 3편, 그리고 90년대의 것 2편 등, 모두 7편을 추려 묶는다. 그리고 그 차례를 가까운 시기로부터 오래 전으로 거슬러가도록 했는데, 그것은 좀더 여유를 가질 수 있게 된 오늘의 정황을 먼저 인식하고 난 후 거꾸로, 그렇게 되기까지의 고통스러웠던 전날의 고민의 과정을 되살려내기 위해서이다.

　이렇게, 지난 25년 간의 우리 지적 풍토를 돌이켜보는 나의 회고 속에는, 아픔과 뜨거움, 그럼에도 다행스러움과 자부스러움이 뒤얽혀 있다. 그리고 거기에는, 젊고 순진했던 시절의 억압적인 상황에 대한 고뇌, 변혁과 변화를 위한 이념들의 싸움을 관찰하며 느끼던 활력과 기대, 그리고 해체와 변모의 또다시 달라진 지식 사회의 정황을 바라보는 긍정과 두려움이 섞여 있다.

그러므로 이 책은 한 세대 동안의 우리 지식 사회에 끼여들어 함께 살아와야 했던 한 지식인의 내면적 성찰이라 해도 좋을 것이다.

그것을 성찰이라고밖에 할 수 없는 것은, 이 글들이 모두 학문적인 객관성을 지닌 논문이라기보다는 자기 시대에 대한 주관적인 반성과 이해의 에세이로 되어 있기 때문이다. 나는 우리 시대의 지적 태도와 경향을 정직하게 인식하고 그것들을 공정하게 자리매김하려고 노력했지만, 그 노력들은 체계 없이 내 나름의 관점과 방법으로 한국 지식 사회의 움직임을 들여다보고 그 의미를 되새김하는 것이었다. 지금 읽어 부끄럽고 생각도 달라진 글들까지 감히 한자리에 모은 것도, 또 고치거나 지우지 않은 것도, 그런 이유 때문이다.

세기가 바뀌려는 지금으로부터의 지식 사회의 변화는 보다 근원적이고 구조적일 것이라는 예감을 나는 이즈음 더욱 강하게 갖는다. 그 지식 사회에 대한 인식과 분석은 다음 세대의 다른 지적 사유의 작업이 될 것이다. 그런 점에서 이 책은 작고 어설프지만, 한 시대에 대한 그 세대의 반성적 사색의 기록이 될 수 있기를 희망하면서 '지식인됨의 괴로움'이란 제목을 감히, 붙인다.

나와 함께, 아니 나를 앞서, 자기 시대와 그 현실을 어떻게 접근하고 해석해야 할 것인지를 깨우쳐주고 그 부정적인 것들과 어떻게 싸워야 할 것인지를 가르쳐준 나의 많은 친구들, 특히 앞서간 황인철, 김현에게 이 책을 바친다.

1996년 11월
김 병 익

차례

책머리에 / 7

사회 변화와 지성의 역동성 / 13
지식인에 대한 몇 가지 단상 / 41
80년대: 인식 변화의 가능성을 향하여 / 62
미래 전망을 위하여 / 90
지식인됨의 고민 / 129
지성의 형성과 패배 / 161
지성과 반지성 / 200

원문 출처 / 228

사회 변화와 지성의 역동성

 60년대의 한국 사회가 우리 지식 사회에 제기해준 과제는 '근대화'를 어떻게 기획할 것인가라는 문제였다. 그 과제는 과연 근대화란 무엇인가, 그것은 서구화인가 전통의 현대화인가라는 질문으로부터, 무엇이 먼저 근대화하여 사회 경제적 현실을 주도해나가야 할 것인가, 그 전략은 무엇이며 전술은 어떤 것이고, 그 주체는 어느 것으로 설정하며 그 근대화를 막는 요소들은 어떤 것들인가라는 문제에 이르기까지, 아니 그에 앞서, 과연 근대화란 바람직한 것인가라는 반성까지를 폭넓게 성찰하기를 요구하는 것이었다. 근대화의 기획을 요구하는 것은 가장 높은 통치권 차원으로부터 일상의 생활인에 이르기까지 전사회적 논의와 추진의 주제를 이루고 있었으며 우리의 문화-지식 사회는 그 문제에 대한 논구와 토론을 적극 수행하고 있었다. 그러나 그 과제는 채 10년도 되기 전에 실종되어버리고 말았다. 논의도 없었고 구호도 스러졌으며 반성도 제기되지 않았다. 왜 그랬을까. 우리 사회가 이미 근대화를 이룩한 것도 아니었으며, 따라서 근대성·근대화 등등의 성격 분석과 현황 점검 혹은 미래에의 전망에 대한 요망이 사라진 것도 아니었다. 그것은 '근대화'라는 국가-사회적 명제 자체가 그 내부에서부터 배반하고 찢겨지며 갈등하고 있었기 때문이다. 근대화 기획에서의 가장 주도적인 힘으로 작용해야 할 통치권은 그것을 '한국적' 민주주의라는 이름으로 호도하면서 독재 권력을 양생시키는 정치적 반근대화로의 길로 몰아갔고, 경제는 그 성과가 가장 성공적이었음에도 차관에 의한 수출 드라이브와 가장 타락한 천민자본주의적 시장 경제로 치달으면서 근대화 속의 반근대적 구조를 심화시키고 있었다. 학문과 문화와 예술은 그것이 기반하여야 할 자유의 폭이 점점 질곡 상태로 좁아지고 있음을 의식하면서 근대성으로의 진전에 깊은 회의를 느끼며 좌절감 속으로 빠져들어야 했다. 이런 상황에서, 근대화란 그 개념이 뒤죽박죽이 되고 그 전략은 방향을 잃고 헤매야 했으며 그것을 논의해야 할 지식인들은 찢겨지고 밀려나 있었다.

70년대 중반의 우리 문화-지식 사회가 당면하고 있었던 것은 그 근대화란 명제가 가장 처참한 형태로 찢겨져, 그것의 적극적인 가치 개념들이 실제에 있어 참혹하게 배반당하고 있는 현실이었다. 민주주의란 정치 사회의 덕목은 헌법을 통치자의 마음대로 구겨버릴 수 있는 일련의 긴급 조처들로 난자당하고 있었고 산업이 발전하고 수출이 신장되는 경제의 성장은 그러나 전태일의 분신이 상징하고 있는 것처럼 노동자들의 학대와 희생

위에서 이루어진 것이었다. 사람들은 돈을 위해서나 권력으로부터의 수혜를 위해서나, 혹은 그것들에 반항해서나간에 전전긍긍하여야 했고 그래서 근대화의 핵심 요소인 인간의 정체성 개발은 팽개치고 행복권에의 추구는 허위 의식으로 들려 있었다. 그러나, 역설은 여기서부터 시작된다. 근대인으로서의 그 가장 낮은 바닥에서의 헤맴과 근대화로서의 개념과 그 수행의 거의 완벽한 사라짐 속에서, 근대적인 것의 의식이 실질적으로 내재화하고 그래서 그것의 실천적인 운동이 비로소 표면화되는 움직임이 나타나기 시작한 것이다. 그 움직임은 언론 자유 운동과 기자·교수의 추방, YH 사건과 10·26, 12·12와 5·18, 5공의 호헌과 6·29, 혹은 반체제와 민중, 이데올로기와 실천, 마르크시즘과 계급론, 반외세와 분단 극복 및 통일 운동 등등의 잇달은 충격들과 주창들에서 보는 것처럼, 수난과 도전, 탄압과 항쟁, 금지와 시위, 이념 구성과 논쟁, 항의와 수락 들을 번갈아가며 동반하는 치열한 시절을 거치고 겪으며 오늘의 90년대를 일구어놓았던 것이며, 그렇게 거치고 겪는 동안에, 정치-경제적 이론 구성으로부터 미시 권력으로의 해체에 이르기까지, 근대성과 후기 근대성의 논의와 그것의 실체에 대한 광범하고도 치열한 논의가 전개되고 그 논의들의 실제적 상황에 대한 분석과 검증이 이루어진 것이다. 그리고 그 모색과 분석, 논의와 실천은 근대화라는 이름과 독립해서 혹은 무관한 모습으로 전개되었다. 근대화의 공개된 발언과 토론이 사라져 없어진 자리에서 그것의 실질적인 이론 구축과 실제화의 운동이 비로소 태어났다는 사실에서, 우리 사회 혹은 지식 사회의 역설 혹은 운명이 발견될 수 있을지도 모른다.

 그러나 우리의 지식 사회가 우리 자신의 사회와 그 발전의 논리를 논의하는 것은 결코 순조로운 것일 수가 없었다. 그 토론의 과정이 순조롭지 못했던 것은 우리의 지식 사회에서 논의의 문화가 미숙했으며, 뿐만 아니라 한국의 사회가 근대적인 것과 전근대적인 것의 혼란스러운 공서 상태에 있어 논의 자체를 매우 어렵게 만들었다는 데만 그 원인이 있는 것이 아니다. 우리 사회에 있어 지적 토론이 극히 힘들었던 것에는 지난 20년 동안의 우리 정치·사회·이념적 특수성이 강하게 작용하고 있었다. 우선, 박정희로부터 강요된 군부의 통치 전략이 배제의 논리에 기초하고 있었기 때문에, 그리고 그 배제의 기준은 통치 권력과 경제 성장의 진행에 의한 수혜 집단과 소외 집단간의 이해 관계에 놓여 있었기 때문에, 객관적이며 실제적인 토론이 어려웠다는 점이다. 군사 정권은 적과 동지를 분명하게 가르고 동지에게는 떡을 주고 적에게는 회초리를 가했으며, 그것은 계층 혹은 계급간, 지역간, 직종간, 대/소의 집단간의 불평등 구조를 심화시켰고 그래서 수혜받은 집단과 배제된 집단들은 실제 이상의 상반된 논리를 정서적 반감 속에서 키워놓은 것이다. 다음, 배제된 집단은 물론 수혜받는 집단까지도 군부 정권의 강력한 통치 논리에 억압되어 자유로운 토론이 거의 불가능했다는 점이다. 언론의 자유, 사상의 자유, 표현의 자유 등 사유와 논의와 발표에 관련된 기본권은 극도로 제약되었고 이에 대한 항의도 철저히 억제되었으며 그래서 자유롭고 공정한 지적 토론은 거의 불가능한 정도였다. 배제의 논리와 토론의 자유 제약은 서로 어울려, 흑백 논리의 단순한 이분법적 사고법과 발언 방식을 강요했고 회의적인 성찰과 상대의 견해에 대한 관용적 수용을 거부하도록 만들었다. 마지막으로, 이 억압과 제한에도 불구하고, 그럼에도 강력하게 수용되고 확산된 좌파적 진보적 이론들의 사유법과 이데올로기의 수용과 재생산이다. 이 이론과 논리 들은 이제껏 우리 사회에서 허용되지도 않았고 그래서 그 방면으로 훈련된 사유와 이데올로기가 아니었기에, 그리고 금지와 탄압 속에서 비체계적으로 조성된 것이었기에, 그 이념을 주창한 쪽이나 반박한 쪽이나, 공정하고 정확한 사유로 조정되기보다는 과대화 혹은 과소화하는 편중된 모습으로 우리 의식에 작용하고 있었다.

그러니까 한 세대 동안의 우리의 지적 의식과 그것들의 토론은 배제주의에 의한 편파성과 흑백 논리의 단선적 사고, 억압으로 말미암은 부자유와 새로운 인식 체계에 대한 경직된 수용으로 파행적인 불구성을 그 속성으로 가지고 있어왔다고 말해도 지나친 것이 아닐 것이다. 그러나 우리는 여기에서 다시 한번 그럼에도 불구하고의 역리를 적용해도 좋을 것이다. 그 파행적이고 경직된 사유 방식에도 불구하고 우리의 지식 사회는 도전적이며 역동적인 힘을 가지고 자기 시대에 대한 냉철한 분석을 가하고 새로운 사회를 구성하려는 논리를 구축하고 있었다. 우선, 우리의 지성이 현실에 대한 강한 비판적 기능을 발휘했다는 점이다. 그것은 민주주의와 자유의 미덕을 훼손하고 억압하는 독재의 권력에 대해서도 비판적이었고 인간성과 평등의 덕성을 짓밟는 자본주의와 시장 경제 체제에 대해서도 비판적이었으며 분단을 강화하고 그 체제를 비호하는 안팎의 권력에 대해서도 비판적이었다. 우리 지식인의 역사에서 비판의 기능이 완전히 마비된 적은 드물다 하더라도 이처럼 폭넓고 강력하게, 수난을 감수하면서 비판의 발언과 행동을 서슴지 않았던 것은 아마도 처음일지도 모른다. 그 다음, 비판하는 사회를 지양하는 대안의 모색에 노력했다는 점이다. 자유민주주의라는 보수적 가치 체계로 새로이 되돌아가 그것을 현실화하려는 노력이든, 평등한 사회를 꿈꾸는 진보주의적 체제로 우리 사회를 변화시키려는 노력이든, 혹은 그 회복이나 변화를 위해 개혁을 요구하든 변혁을 주창하든, 그 대안의 모색은 효과적이든 좌절된 것이든간에 우리의 지적 사유나 미래에의 전망을 위해 매우 값진 자산을 이루게 될 것이었다. 세번째로, 그 사유와 전망은 실천성을 동반하고 있었으며 그 실천에의 노력이 우리 사회와 문화의 급격한 변모에 직접적인 동력이 되고 있었다는 점이다. 이 실천에의 강조는 그것이 변혁의 도모이든 개혁의 요구이든, 젊은 대학생들의 이른바 운동권으로부터 원로들의 재야 세력에 이르기까지 노동 운동의 참여에서부터 정권의 교체와 분단의 극복에 다다르기까지 변화되어야 할 모든 부문에 광범하고 심층적으로, 그리고 갖가지의 행동들과 그 금압받는 행동들로 말미암은 고난까지를 감수하며 수행된 것이다. 네번째로, 이 일련의 비판적인 작업과 대안의 모색이 부분과 부문간의 연대 속에서 이루어졌다는 점이다. 그것은 단순히 현대의 학문 또는 문화 운동의 한 성격을 답습해서가 아니라, 공통된 태도와 인식, 공동의 지원과 연계라는 이 시대의 특이한 지적 공동체성에 의거한 제휴였다. 그러니까 가령 '민중'이라는 개념은 먼저 문학에서 제기되었지만 각 부문의 예술·학술·종교 등 거의 모든 방면으로 확산되었고 분단 극복의 모색 운동 역시도 모든 지적 분야의 공동된 과제로 협력되고 있었으며 이론가와 운동권은 제휴하고(혹은 겹쳐지고) 있었다. 마지막으로, 새로운 이데올로기 체계는 한국의 사회로부터 집단적 역사와 개인적 인생관에 이르기까지 광범한 반성을 유도했고 자신의 정체성에 대한 새로운 인식을 가하도록 만들었다. 그것은 우리 사회를 기왕에 지탱해온 이데올로기가 보수-우파적인 가치관 위에 서 있었으며 사회 구성에 대해 서구 자본주의 체계를 전범으로 보아온 것에 근본적인 비판을 가하면서 또 하나의, 또 다른 이데올로기와 체계가 있음을, 그래서 우리의 개별적·공동체적 존재성에 대한 새로운 인식과 해석을 가해야 한다는 논리를 제공하고 있었다.

이 같은 지적·문화적 운동의 성과가 현실 세계의 권력에 대한 도전과 변혁의 운동에서 일구어졌다는 점은 특히 강조되어야 할 것이다. 어느 시대에나 지적 사유와 문화적 변화가 현실 사회를 변모시켜온 것은 사실이지만, 우리의 그것은 그 연장선에서의 정도의 차이 이상으로 현저한 성격을 갖는다. 지식 사회와 현실 사회간의 지난 20년 간의 관계는 이 점에서 지목되어야 할 것이다. 첫째로는 그 두 사회간의 균열이 어느 때보다 깊고 심각했다는 점이다. 현실은 교과서에서 가르치는 것보다 너무 비뚤게 잘못 전개되고 있었고 그것을 은폐 또는 합리화하는 방식이 지나치게 몰염치스러웠으며, 이 때문에 지식 사회의 현실 세계에 대한 비판과 증오는 더욱 증폭되지 않을 수 없었다. 더구나 현실 권력은 이의를 억제하고 자신들의 과오와 무리를 정당화시키기 위해 갖가지 방법을 동원하는 가운데 지식 사회 내부로까지 조작을 가해왔다. 그것은 가장 기본적인 원칙을 배양해야 할, 가령 교육계와 법조계까지도 왜곡시키는 것이었다. 그런데 두번째로, 지식 사회는 물론 일반 시민들에 이르기까지의 전반적인 지적·문화적 수준보다 현실 권력자의 의식 수준이 뒤떨어지고 있었다는 역설적인 측면도 깊이 작용하고 있었다. 그것이 역설인 것은, 하나는 군부 정권의 경제 성장이 실효를 거두면서 의식과 문화 수준이 전반적으로 상승했음에도 정작 그 정권의 담당자들은 전 시대적 사고와 통치 의식에 머물러 있었다는 점에서, 또 다른 하나는, 권력 구조와 체계는 폐쇄적으로 고착시키면서 경제와 문화는 개방 체제로 진행하고 있었다는 점에서 기인하는 것이었다. 이 두 개의 측면은 통치 권력이 의도한 바와는 상반된 결과에서 빚어진 것이겠지만, 그것이 우리 독재 권력의 영구화를 중단시키고 민주화로의 길로 들어서게 만든 우리의 문화적 자산이 된 것은 분명하다. 세번째로, 현실을 억압하고 오도하는 권력자들에 대한 비판의 세력과 그들의 발언이 권력권의 경쟁자들에 의해 제시되기보다는 권력권 외부의 문화적·지적 세력들에 의해 주도되었다는 점이다. 유신 이후 우리 현실 권력 사회에는 대의와 경쟁, 대안과 타협으로 구성된 정치란 것이 없었으며 오직 일방적인 지시와 이의 없는 처리의 통치와 행정만이 있었으며 미약한 또는 관제적인 야당과 제도권의 언론은 비판과 대안의 기능을 전혀 담당하지 못했다. 그러므로, 죽지 않은 사회라면 마땅히 존재해야 할 집권 집단에 대한 비판의 역할은, 정치와 정치 세력이 없었기 때문에, 오히려 정치권 바깥의 비정치적 부분 집단들이 맡지 않으면 안 되었다. 학계·종교계·교육계·예술계, 그리고 학생들 등, 이제껏 정치 영역에 소속되지 않은 전문, 그것도 문화권 안의 집단들이 70년대 중반 이후의 20년 동안 현실 권력에 대해 저항과 도전, 비판과 대안 제시라는, 우리의 현대사에서 특기할 역할을 담당하게 된 것은 이 비정상적인 권력 구조로 말미암아 빚어진 시대적 현상이었다.

이 역할이 지식인들의 세계관과 문화관, 그것의 현실적 전략의 차별성에 따라 집단적 분화 현상을 일으켰던 것은 자연스런 현상일 것이다. 그 지적 집단의 구성은 이념적으로는 진보주의적인 것과 자유주의적인 것으로 크게 나뉘며 그 지적 작업과 실천이 계간지와 그 계간지를 간행하는 출판 문화 집단 중심으로 수행되었다는 점도 여기서 강조되어야 할 것이다. 유신이 붕괴되고 신군부가 출현할 때 비판적인 지식인 세력을 제거하기 위해 두 계간지를 폐간했다는 사실이 이러한 사실을 극명하게 상징한다. 그 두 개의 문화 집단은 서로 비판하기도 하고 상반된 논리로 엇갈리기도 했지만, 큰눈으로 보면, 이 시대가 요구한 진보와 자유, 실천과 성찰의 이원적 지향을 절묘하게 조화시키고 있었던 것이다. 한쪽의 지나침은 다른 한쪽의 견제를 받았고 한쪽의 주저는 또 다른 쪽의 자극을 입어야 했다. 그것은 결과적으로, 근대화의 기획은 진보와 자유가 공존·협력하는 가운데 수행될 수 있다는 본을 보여준 것이기도 하다. 이들이 현실 세계와 권력에 대해, 그 대응 방법은 달랐지만, 마찬가지로 비판적이었다는 것, 이 억압된 사회와 폐쇄적인 체제를 극복하는 데 그 전략은 상이했지만 똑같이 적극적인 전망을 모색했다는 것이 그 공존과 협력의 보조를 맞추어준 예가 될 것이다. 80년대 중반 이후, 진보주의는 보다 급진적인 이념의 파생을 보아야 했고 자유주의는 중산층의 우경화 논리를 시인하기도 했지만, 그 두 개의 지식 집단이 지적·학문적·문화적 이념의 축을 구성하고 현실 변혁의 실천적 매개가 되었다는 점은 이 시절에 문자가 세계를 어떻게 변화시킬 수 있었던가의 범례로 평가되지 않을 수 없다.

이런 정황이었기 때문에, 한국 지식 사회가 지난 시대에 감당해야 했던 과제는 중첩적인 것이었다. 그 중첩은 그 자체의 내부적 모색의 과정이면서 외부 사회와의 연계 속에서 현실을 수정하고 인도하는 이론과 실천을 구성해야 했던 것을 뜻한다. 뿐만 아니라, 변화하는 사회에 대한 인식과 새로 입수되는 이론들로 자기 시대를 점검하고 분석하면서 그것들에 의한 수정의 실천을 위해 대안의 모색과 함께 실현의 현실적 전략까지를 구성해야 했던 것이다. 이러는 동안의 지식 사회의 논의와 논리의 전개는 마치 살아 있는 생명체의 성장을 보는 것 같은 역동적인 진화의 과정을 보여준다. 그 뚜렷한 예를 우리는 마르크시즘이 도입되고 수용과 확산을 거쳐 쇠퇴에 이르는, 짧지만 격렬했던 일련의 진행 경위에서 살펴볼 수 있을 것이다. 1세기 반 전에 구성되어 20세기 전반기에 세계의 지식 사회에서 중심적인 주제가 되고 혁명을 통해 현실화되었으며 불과 몇 해 전만 해도 지구상의 두 축의 이데올로기 지도에서 하나의 축을 이루었던 이 진보적 이념 체계는, 우리나라의 경우, 식민지 시대였던 20년대와 남북 분단의 초창기 이른바 짧은 해방 공간기에 사유되고 발언된 사상이었다. 그러므로 이 지적 체계는 철저한 반공주의 속에서 당연한 금기의 대상이 되었고 그것은 현실 사회에서나 서재 속의 사유에서나 결코 용납되는 것은 아니었으며 권력 기관만이 아니라 지식인 스스로가 내적인 검열을 해야 할 상대였다. 그 철벽 같은 터부의 이념이 그러나 반세대 남짓 후에는 가장 유행적인 독서와 토론의 주제가 되고 그로부터 몇 년 뒤에는 아무런 저항감을 일으키지 않은 범상한 발언으로 그 문제성이 희석되는데, 그러기까지 우리 지식계만이 아니라 일반 시민들의 의식 속으로 그 삼엄했던 이념이 삼투해 들어오는 과정은 신기할 정도로, 그를 위한 노력과 그로 말미암은 수난이 비록 매우 컸다 하더라도, 자연스럽고 의연했다. 그 과정을 돌아보는 일 자체가 흥미로움을 넘어, 오늘의 우리로 하여금 역사의 역동적인 힘을 느끼게 한다.

출발은 '민중'의 발견에서 시작된다. '시민'이라는 4·19적 용어로부터 '민중'이라는 봉건적 분위기를 느끼게 하는 이 용어는 정치 권력의 특혜와 경제 성장의 성과로부터 소외된 대부분의 국민들에게 해당될 만한 것이었다. 그러니까 '민중'은 70년대에 유신의 억압으로부터 민주화를 욕구하는 정치적 정서와 노역으로 희생당하면서 타락한 분배의 불의에 항의하는 경제적 이데올로기를 함께 담지하는 정감적·이념적 함의를 동시에 띠고 있었던 것이다. 그것이 정치적 자유와 민주주의로 지향할 때, 그것의 실제는 곧 시민 사회로의 진전을 소망하는 것이었고 그 소망은 원칙과 실제의 괴리에서 진정한 민주주의를 회복하자는 원칙으로의 되돌아가기를 바라는 보수적 성향을 함유하게 된다. 그러나 그것이 경제적 불평등을 지양하고 정의의 실천으로 향하게 될 때 그 이념은 타락한 자본주의와 시장 경제의 실제에 대한 비판과 부정을 요구하게 되면서 진보적 혹은 현체제의 전복적 성격을 갖게 된다. 어떻든 문학 분야에서 소박하게 그 기치를 올린 '민중'은 사회과학과 예술, 종교와 교육 등 거의 모든 분야로 확산하면서 새로운 시대 표명적 어휘로 부상하며 확산된다. 그러면서 그 민중은 사회과학적 이데올로기와 결합하면서 논리적인 힘을 얻게 되고 체제 부정적 함의를 가지면서 현실 세계에 대한 비판과 변혁의 핵심적 언어로 발전하고, 그것이 우리의 근본 모순의 개념과 분단 상황 극복의 의지와 결합하면서 '민족'이란, 기왕의 보수적인 관념과 상반된, 가장 진보적인 의미에서의 민족이란 개념으로 탈바꿈하게 된다. 그러니까 '민중'이란 당초의 비과학적 어휘가 과학적 논리성과 변혁적 진보성을 지니며 시대적 용어로 자체 성장할 수 있었던 것은 마르크시즘의 충전에 의한 것이며 그 마르크시즘은 그것이 수용될 조건을 성숙시키면서 점차로 틈입해와, 마침내 그 민중-민족이란 용어의 내용적 실체로 확충된 것이다.

그러나 그 마르크시즘의 수용은, 짧고도 급진적인 기간을 통해서였지만, 우회하고 비틀면서, 힘들고 어려운 과정을 통해 이루어진다. 그것은 우선 자본주의 체제의 근원적 타락성을 소명하는 작업에서의 소외론으로 마르크스가 인용되는 것에서 출발하여, 마르크시즘으로 현실 마르크시즘을 극복하려는 프랑크푸르트의 비판 이론의 도입으로 진전한다. 그 비판 이론은 문예학으로부터 사회과학으로 확장되면서 또 다른 마르크시즘의 통로로서 라틴 아메리카에서 전개된 제3세계론과 만난다. 비판 이론이 이 진보적 이데올로기의 내적 정합성을 구하는 것이었다면 제3세계론으로서의 마르크시즘은 세계 체제 속에서의 한국 자본주의와 국제적 세력 관계에서의 우리의 위상을 점검하는 것이었다. 이제 마르크시즘은, 비록 여전히 탄압 속에 갇혀 있었지만, 지식 사회에서 반드시 염두에 두어야 할 이념 체계로 정착되고 있었다. 그것이 구체적인 출판물로 표출된 것이 80년대초의 사회과학 도서들이다. 이 도서들은 '금서'의 그물을 피하기 위해 서구의 마르크시즘 비판서에서 시작이 되고 있지만, 그것은 멀지 않아, 동구의 마르크시즘적 저서들로 수위가 높아지고, 이제 억제하기 힘들어진 이데올로기 통제 정책과 대결하여, 드디어 마르크스-레닌주의의 원서 번역으로 발전하였으며, 이에 이어 어렵지 않게, 스탈린과 모택동, 특히 김일성의 저서 발간으로까지 마침내 이르게 된다. 이 격정적인 단계에 이르기까지의 기간은 불과 10여 년이었다. 그러나 이 단기간의 수용 과정을 거친 마르크시즘은 그 자체의 이론적 탐구에 그친 것이 아니라 옆으로, 밑으로 격렬히 증폭하는 역동성을 발휘하여 이론과 실제 전반에 광범한 파급 현상을 일으킨다. 그것은 우선 이 이념에 관한 한 불모지였던 한국의 지식 사회에 비로소 급진적 관점을 제공하고 그 원전과 해설-주석서, 응용서에 이르기까지 폭넓게 이용된다. 이제 우리는 우리 정신사에서 처음으로 극우적 논리로부터 극좌적 관점에 이르기까지의 전방위적인 시각을 확보하게 될 수 있었던 것이고, 그에 의한 이론과 현실의 분석과 전망이 가능하게 되었던 것이다. 그렇게 될 수 있을 만큼, 마르크시즘은 경제-사회학만이 아니라 예술-미학 이론과 한국사 해석에 이르기까지 전폭적인 영향을 끼치며 새로운 분석 도구로 활용되기에 이른다. 그것은 또한 한국 현실 사회의 근원적 모순을 들여다보게 하며 한민족의 분단과 한국 사회의 제3세계적 위치를 확인하는 잣대로 기능하게 되며, 동시에 한국의 사회와 정치, 경제와 문화의 변혁의 논리로 적용되고 가령, 노동조합 운동 등의 실천적인 작업에 동력을 제공하게 된다. 80년대 후반의 강력한 민주화 운동이 전적으로 진보적 이데올로기에 지휘받았다기보다는 오히려, 20년대의 사회주의와 민족주의가 반일과 광복의 정열을 함께 묶어 저항의 힘을 길어냈던 것처럼, 민주주의를 성취하려는 중산층의 보수적 성향과 합력하여, 자유주의와 인권 회복에 주력하려는 우파 시민층의 항의가 더 큰 힘을 얻어냈다는 것이 정확할지 모르지만, 그 힘이 진보주의의 실천력으로 발동되었다는 것도 부인할 수 없는 일일 것이다. 뿐만 아니라 이 새로운 사유 체계는 초등학교 교육으로부터 정치-경제론에 이르기까지, 종교적 태도로부터 예술의 미적 이론에 이르기까지 전방위적으로 습윤해 들어가서 종래의 서구 부르주아적 가치 체계의 수정을 요구하며 그것의 변혁을 도모하고 있었다. 그러니까 이 진보적 이데올로기 체계는 지식 사회의 이념과 사유를 주도했을 뿐 아니라 현실 세계의 수정까지를 이론과 실천으로 요구했으며,

80년대의 거대한 정치-사회의 변화는 바로 이 지식인들의 지적 운동의 주도하에 이루어졌다고 해도 별로 지나친 것이 아닐 것이다.

우리는 70년대 중반 이후 10여 년에 걸친 우리의 지성사적 모험의 웅변적인 실례를 민중론과 마르크시즘의 움직임을 통해 확인하면서, 이 시대의 사상과 사유법이 우리의 근대 정신사에 거대한 변혁적 계기를 이루고 있음을 다시 한번 인정하지 않을 수 없게 된다. 되풀이 말해지는 것이기도 하겠지만, 이 시기의 역동적인 지적 운동은 우리 사상사에서 처음으로 금기 없이 자유롭게 현실과 이념에 대한 접근과 분석이 이루어질 수 있도록 했다는 점을 먼저 들어야 할 것이다. 거기에는 탄압과 희생이 따르고, 그런 만큼 보수주의적 혹은 자유주의적 시각보다는 진보주의적·좌파적 사유가 상대적으로 크게 그리고 편향적으로 우리의 의식을 각인하며 영향을 준 점도 있지만, 그럼에도, 우리는 비로소 자유롭게, 그리고 선택적으로, 상반된 의식 체계에 대한 참조를 가하면서 이론과 분석을 수행할 수 있었다. 그러니까 우리는 정신적 제약 없이 '사상의 시장'에서 경쟁적으로 토론·비교하며 학문적·이념적 모색과 주장을 할 수 있게 된 것이다. 그리고 이 시기의 정신사적 역동성은 그것들이 분야와 부문간에 상호 제휴하며 중층적인 파급 효과를 길어낼 수 있었던 데에서도 발견된다. 앞서 지적한 것처럼 문학적 관념으로서의 민중론이 사회과학적 이념으로서의 마르크시즘과 결합하여 민중-민족

이데올로기를 생산해내듯이, 그리고 그 이념들이 교육 현장의 부패로부터 환경 문제에 대한 관심에 이르기까지 분야와 분야, 부문과 부문간의 연쇄적인 문제 제기를 일으켰고 그것들은 개혁의 상승적 실천성을 요구하는 이론적·논리적 바탕이 되고 있었다. 여기서 세번째로, 지식 사회의 실천성에 대한 경의가 유발된다. 아마도 우리의 역사에서 지식인들의 발언과 그것의 현실화를 위한 지식 사회의 노력이 이때처럼 강렬하게 표출된 적도, 그래서 현실 사회에 대한 직접적인 영향력이 이만큼 크게 나타난 적도, 그 때문에 권력으로부터의 탄압과 시민들로부터의 존경을 이처럼 강력하게 받아본 적도 별로 없었을 것이다. 더구나 이들의 주장과 실천은 변혁적이었을뿐더러, 그 변혁에 어울리는 '큰 주장'이었다는 점도 상기되어야 할 것이다. 이 시기의 지적 주장들은 개선이나 개혁의 주장 못지않게 역사 단절적인 혁명의 논의들이 큰 목소리로 제기되었고, 그 큰 목소리들은 모순론·정치-경제론·사회 구성체론 등의 논의와 논쟁을 통해 자본주의 체제와 분단의 민족 구조를 근본적이고 총체적으로 변혁시킬 것을 요구하는 것이었다.

그러나, 빛덩이의 아래에는 그늘이 지게 마련이다. 지식 사회의 그 변혁적인 역동성은, 그럼에도, 그뒤로 그것들로 말미암은 부정적 성향들을 동반하지 않을 수 없었다. 그것이 그 시대의 변화와 진전을 추동할 시기에는 그 부정적인 것들은 드러나지 않거나 괘념하지 않아도 좋을 것들이었지만, 어떤 양상으로든 변화가 이루어지고 난 다음에는, 그 추동해온 힘들이 오히려 부담이 되고 때로는 족쇄가 될 수 있음을, 어느 역사든간에 분명하게 보여주어왔다. 우리의 경우, 그것은 90년대로 넘어오는 시기에서, 우리가 이미 다 알고 또 숱하게 지적해온 여건의 변화 속에서 나타난다. 그 하나는 진보적 이념권인 현실 사회주의 국가들의 와해이다. 그것은 우선 소련과 그 주변의 동구권의 체제적 변화와 서독의 동독 흡수 통일 혹은 중국의 개방 등 양극화의 지구 체제를 근본적으로 재편성하는 급격한 변동을 가리키는 것이었지만, 우리의 지식 사회에서는, 80년대 이후 본격적으로 추구해온 변혁으로의 대안 체제의 와해를 뜻하는 것이었다. 동구권의 이러한 와해의 원인이 그 이념 체계의 한계에 기인한 것으로 보든 그것이 현실화한 체제의 부실함에 그 원인이 있는 것으로 해석하든간에, 실제 체제의 붕괴는 그것을 떠받치고 있던 이념 자체의 퇴조, 그리고 더 나아가서는 우리 사회에서의 그 실제화에의 적절성과 유효성에 대한 회의에 연계되지 않을 수 없는 것이었다. 그러한 국제 정세를 받아들이는 우리의 진보적 지식층은 당혹스럽고 좌절적인 상황으로 빠지지 않을 수 없었고, 그래서, 그 이념 체계에 여전히 견고한 집념을 가졌던 스스로의 인식을 반전시켜 진보주의적 열정을 포기하든간에, 보기에 그리 좋지 않은 모습을 짓지 않을 수 없었다. 또 다른 하나의 객관적인 상황 변화는 상대적인 한계 안에서나마 국내 정치와 사회가 민주화로의 전환의 길을 밟고 문민 정부의 수립을 이루게 되었다는 점이다. 이 역시 현실적으로는 자유와 평등, 인권과 참여의 실천이 보다 순조롭게 획득되고 있으며 그럴 수 있는 체제적 형태를 획득하고 있다는 것을 가리키지만, 우리 지식 사회에서는 변혁의 논리를 약화시키고 변화의 목표와 그 열정의 정도가 달라지고 있음을 뜻하는 것이기도 하다. 우리의 민주화를 위한 노력에는 진보적 운동권의 힘이 주도하고 있었지만, 그에 못지않은 비중으로 자유주의적 중도적 시민들의 보수적 저항권도 가세하고 있었다. 이들은 자신들이 목표로 한 민주화의 제도적 마련이 이루어지면서 우경화로 선회하고 우리 사회가 일정 한도 이상으로 급진적 변화로 기울어지는 것을 지지하지 않았다. 우리 사회가 90년대에 당면한 밖과 안의 급변은 우연으로 만난 것인지 필연의 역사적 힘에 의해 결합된 것인지 분명하게 가름할 수는 없지만 80년대의 진보적 사유에 제약 혹은 쇠약을 상승적으로 가해 온 것만은 분명하다.

그러나 90년대에 들면서 당면하게 되는 우리 정신사적 변모 혹은 이념적 퇴조는 이런 객관적인 조건의 변화에서만 이루어진 것이 아니다. 우리의 80년대적 사유 속에도 그 원인이 내재해 있었음이 마땅히 성찰되어야 할 것이다. 우선 우리의 사유는 '큰 이야기'를 화두로 삼음으로써 작고 내밀한 이야기가 밀려나 있었다는 점을 들어야 할 것이다. 마르크시즘 자체가 사랑과 욕망의 심리학에 대한 논의가 없었거니와, 우리의 지식 사회도 모순론·체제론·변혁론의 거대한 주제에 관심이 쏠려 있음으로 해서 개인의 독자적 정서와 미시 권력의 욕구 문제를 등한히하고 때로는 그것을 타락한 욕망으로 경멸함으로써 정작 모든 것들의 기본이며 출발이 되는 인간의 문제를 담아내지 못한 것이다. 정치와 체제에서는 그러지 못했다 하더라도 일상의 생활에서는 이미 소비와 탈중심적 정서에 젖어들어가고 있던 대부분의 우리들에게 큰 이야기란 공소한 화제로 밀려나거나 효력을 잃어가고 있는 중이었으며, 우리의 이념 사회에서는 그러한 변화를 무시하거나 대응하지 못했던 것이다. 다음, 금기와 반항의 억센 길항 속에서 기존 체계에 도전중에 있는 이데올로기로서는 피하기 힘들었겠지만, 그것의 근본주의적 흑백 논리가 다양한 사회 현실 속에서는 더 이상 강력한 호소력을 지니기 힘들게 되었다는 점을 들 수 있다. 이념의 계절중에도 우리는 숱한 이론적·실천적 분파들의 경쟁을 보아왔지만 급진적 논리는 회색과 회의를 인정하지 않았고 전부 아니면 전무라는 전략 속에서 적과 동지만을 구별했으며 그 기본적인 심리 구도는 군부 권력자들의 그것과 그리 다르지 않았던 것이었다. 정확히 말하면 그 단선적 사고 구조는 비록 이념적 진실을 발언한다 하더라도 지성적 사유법에서 태어난 것이 아니었으며, 그 주제가 퇴조하면 그 사고법 자체도 불신되지 않을 수 없는 것이었다. 뿐만 아니라 그 근본주의에서 빚어진 경직된 사고법은 일상 세계의 변화와 인간 의식의 변모라는 실제 역사의 자유로운 움직임들을 그 자체로서가 아니라 자신들의 논리 구조에 정합되는 한도 안에서만 수용함으로써 자첫 맹목이 될 수도 있었다. 현실과 정치 체제의 변화는 그 불신될 수 있음, 맹목적일 수 있음을 드러내면서 그것들이 안겨준 무게와 틀에서 벗어나려는 강한 반발력을 표출시켜준 것이다. 아마도, 우리에게 익숙하지 않았던 진보적 이념 체계들에 대해 우리는 너무 성급히 수용하고 적용하려 들었다는 그 이론적 미숙성에 대해서도 지적되어야 할 것이다. 우리 지식 사회는 적절한 스승의 지도 없이, 그리고 공적인 연구 토론 없이, 150년에 걸쳐 생성·발전·분화되어온 사회주의 담론들을 일거에, 10년 동안에 받아들이고 우리 현실과 인식 체계에 심어놓으려고 했다. 그리고 그나마, 현재적인 것에서 원전의 것으로 거슬러 올라감으로써 시의적 적절성을 획득하기 어려웠고, 물질적·의식적·발전 단계적의 여러 차이에도 불구하고 고식적인 틀로 적용하려 함으로써 현실과 이론의 격차에 관대하지 못하였으며 급박한 이상주의적 정열로 추구함으로써 전투적이었을망정 현실 적용력이 부족해지지 않을 수 없었다. 요컨대 짧은 기간에 포부가 너무 컸지만 그랬기 때문에 미숙할 수밖에 없었던 것이 그것의 이해력과 관용력, 현실화의 탄력성을 한계짓고 만 것이었다.

사정들이 이랬기 때문에, 90년대의 급격한 선회가 의외로 빠르게 진행되었을 것이다. 진보적 이념의 퇴조도 빨랐고 그 잔인한 80년대의 저항적 정열들이 해이해지는 것도 빨랐으며 그 시대의 지식 사회가 품었던 이상주의도 성급하게 좌절되었다. 여기에는 기왕의 우리 사회가 경험하지 못한 새로운 변화의 요인도 깊이 개입해 있을 것이다. 우리의 경제 발전 단계가 생산 체제로부터 소비 체제로, 그 소비는 필용품의 수요보다 상품 기호의 소모로, 그래서 빈곤의 의식으로부터 풍요의 향유 욕망으로 변환해간 점이 있다. 그것은 소득과 분배의 경제적 이데올로기를 소비와 유행의 사회적 이데올로기로 변모시키면서 다양한 기호 선택과 미시 욕망의 추구로 우리의 일상성을 변질시킨다. 다음, 문화의 양상도 진지한 것으로부터 경쾌한 것으로, 전래의 문자적인 것으로부터 새로운 영상적인 것으로 옮겨간 것에 주목해야 할 것이다. 프로 경기로부터 비디오, 패션으로부터 패스트 푸드에 이르는 오늘날의 광범한 문화 생활의 변모와 그에 따르는 의식과 정서의 차이는 우리의 삶의 내용과 감수성의 근원이 근본적인 변화를 치르고 있는 중임을 깨닫게 하는데, 이러한 변화는 종래의 권위주의적, 중심으로의 집중적 사유 대신에 반권위주의적·해체적 사유를 유도해내면서 자연적·운명적 인간 관계를 도시적·선택적인 그것으로 대치시킨다. 컴퓨터와 멀티미디어 세계로의 진입도 불가피하게 지목되어야 할 것이다. 그것은 정보와 지식, 그것들의 생산과 전달 방식을 혁명적으로 바꾸어놓으면서 종래의 경제적 생산과 노동의 관념까지를 뒤집고 있으며 기왕의 문화 예술 작품에 대한 가치 체계도 변화시킬 것이다. 여기서, 아이러니컬하게만 볼 수 없는 점은, 80년대의 우리 지식 사회의 논의는 근대화론에 귀속될 것이었지만, 실제 생활 세계의 진행은 탈근대론의 방향으로 상당한 진전을 보이고 있었다는 점이다. 그 간극이 지난 몇 년 동안에 있어왔던 토론의 혼란 상태로 표현되었을 것이다.

이 몇 가지, 그러나 현대 세계 전반과 함께 우리 역사에서도 비로소 시작되는 '포스트'적 삶의 양상을 추동하는 결정적인 골격들은, 이제 부분적으로 혹은 혼란스럽고 이상스런 형태로, 지금 나타나고 있는 중이지만 앞으로의 우리의 생활과 의식에 지배적인 형상으로 모습지어질 것이다. 그래서 그것은 우리의 의식 전반과 문화 일반의 성격을 바꿀 것이고 지식 사회의 인식과 접근법, 따라서 지식인들의 기능과 그들의 전망까지도 변화시킬 것이다. 그러한 초기적 진통이 90년대초에 일었던 일련의 포스티즘 논쟁과 신세대론이다. 이러한 논의들은 아직껏 생생히 기억되고 있지만 그럼에도 현실적 효력을 상실해가고 있는 80년대적 경험과 사유가, 이미 다가오고는 있지만 그럼에도 부분적인 현상으로 그치고 있는 새로운 삶의 정황과의 갈등 속에서 빚어진 것으로 보인다. 그러나 변화는 예상보다 빨리 올지도 모르며 그 변화는 우리의 삶의 안팎 전반에 깊이 미칠 수 있을지도 모른다. 그 변화는 우선 문화 체계가 문자적인 것으로부터 영상적인 것으로 일반화하리라는 것; 여가 산업과 서비스업이 팽창하며 생산과 노동에 대한 개념이 바뀌리라는 것; 기호 소비로부터 노령 인구의 증가에 이르기까지 사회적 양상이 후기 산업 사회적 형태로 바뀌리라는 것; 멀티미디어와 위성 방송으로 국경 개념에 거대한 변질이 이루어지며 민족주의의 종래의 관념이 수정될 것이라는 것; 도시적인 것과 문명적인 것이 우리 정서와 의식의 기반이 되리라는 것; 거대 이데올로기보다 미시 권력과 개인적 욕망의 자유로운 표출이 가능해지리라는 것; 정치-경제적 체제보다는 과학과 정보가 우리 사회를 이끌어가리라는 것; 따라서 우리의 가치관과 윤리관·인생관이 큰 변화를 치러야 할 것이라는 것 등으로 요약될 수 있을 것이다. 군부 권력과 문민 정부, 독재 체제와 자유민주주의 체제, 거대 담론과 미시 담론 등의 전이 현상은 이미 이루어졌거나 진행중이어서 90년대의 전반기는 이처럼 변화해갈 각양의 삶과 의식에 대한 지적 성찰과 변화에의 대응이 충분히 논의된 것 같지는 않은바, 그것들은 앞으로의 우리 문화와 지식 사회 전반이 모색하고 검토하며 대응해야 할 숙제로 제기되어야 할 것이다.

그 숙제는, 한편으로는 전근대의 잔재와 근대화적 기획을 극복하는 작업인 동시에 다른 한편으로는 새로운 세기와 그에 따라 변모할 새로운 문화 체계로의 적응이라는 거대한 주제 아래 접근되어야 할 것이다. 그것은 첫째로, 우리의 문화적·의식적 태도가 빈곤의 심리학으로부터 여유의 문화학으로 어떻게 전환할 것인가의 문제를 갖는다. 너무 급하게 경제적 성장을 이루어왔기 때문에 우리는 우리의 삶의 상태에 심리적 대응을 적절히 하지 못하고, 여전히 궁핍한 삶의 방식을 취하고 있든가, 그 역으로 졸부와 같은 허황한 소비 태도를 취하고 있어, 어느 것도 온당하지 못한 그 생활 방식과 심리 구조에서 탈피하지 못하고 있다. 우리의 문화는 그 불균형한 감각을 적정하게 조정할 수 있어야 하는 동시에 새로운 시대에 대응할 문화적·가치론적 지향을 설정해두어야 할 것이다. 자아의 개발과 신장, 공동체 의식의 함양과 조정, 도덕적·정서적 심성의 구축, 창조적 욕구의 조장과 노동 의욕의 보장이 그런 주제들을 이룬다. 다음, 멀티미디어, 위성 방송, 다국적 기업 등등의 사회 변화는 종래의 국경 개념을 변화시키고 고식적인 민족주의적 사고법을 수정할 것을 요구하고 있다. 이제 우리는 피해와 수동의 민족사로부터 개척과 주체의 국가사를 만들어가고 있는 중이며, 더구나 현대의 문화적 정황은 배타적이고 고립된 사유와 행동을 허용하지 않는다. 그것은 강력한 보편성에의 추구를 요구하지만, 동시에 그 역으로, 지방 문화 혹은 전통 문화의 보존과 발전을 권고하는 것이기도 하다. 그 두 문화의 관계는 길항적이기보다는 경쟁적이며 배타적이기보다는 상보적이어야 한다. 그 균형을 어떻게 맞추어 우리 문화 전반을 발전시킬 것인가가 진지하게 검토되어야 할 것이다. 세번째로, 과학 기술과 인문주의의 조화가 진지하게 모색되어야 한다. 오늘의 과학 기술은 그 자체의 번식력에 의해 하루가 다르게 발전하고 있지만, 인문학 내지 인문주의적 사유는 그 성격에 의해 쉽게 적응하지 못할뿐더러 오히려 그것이 잠식 훼손되는 양상을 드러내고 있다. 사회적 투자도 이에 상응하고 있어 인간학의 퇴조가 역연하게 나타나고 있는데, 그것은 과학과 문화간의 분열의 골을 더욱 심화시켜 기술의 인간 지배라는 비극적인 사태까지 예상시키고 있다. 우리는 이 골을 어떻게 메우고 서로의 위상을 조화시킬 것인가를 심도 깊게 논의해야 할 것이다. 네번째로, 문화에 대한 개념과 그 실제에 대한 재검토와 새로운 문화 양식의 개발에 노력해야 할 것이라는 점이다. 이제 문화는 문자 중심에서 영상 중심으로, 엘리트 문화에서 대중의 문화로, 권위주의적인 것에서 해체주의적인 것으로, 우리가 바라든 바라지 않든 움직여가고 있으며, 뿐만 아니라 문화 행위와 성격이 소비와 여가 행위에서 경제적 생산과 산업적 기업으로, 다시 말하면 문화 산업으로 변화하고 있다. 그 달라진 문화의 성격에 어떻게 문화 자체가 대응할 것인가가 현실적으로 모색되어야 할 것이다. 마지막으로, 그러나 보다 중요하게 보아야 할 또 하나의 문제는, 현실 세계의 변화를 문화가 어떻게 수용, 대응해 나갈 것인가이다. 여기에는 많은 주제들이 걸쳐 있다. 분단이 해소되고 통일이 되었을 때 그간의 상위한 발전을 어떻게 통합하고 진정한 내적 통일로 진전시켜야 할 것인가; 경제와 기술의 발전에 동반할 생태 파괴와 자연 오염을 어떻게 해소하고 삶의 터전을 아름답게 구성해나갈 것인가; 세대간의 가치관적·행태적 결렬에서 빚어지는 갈등을 어떻게 해소할 것인가; 인구의 구조가 변하고 인간 수명의 연장이 이루어지며 보다 적극적인 복지 정책의 실효화가 가져올 사회적 변화에 문화가 무엇을 수행하고 보충해야 할 것인가 등등의 실제 문제들이 그런 것들이다. 이 주제들 하나하나가 신중하고 진지한 탐색을 요구하는 것들인데, 우리의 문화는 이 문제들에 대한 접근과 분석, 해석과 해결의 실천적 자리가 되어야 할 것이다.

아마도 우리의 지난 20년은 서구 사회의 2세기 간의 발전 과정을 집약한 것일지도 모른다. 우리는 그들이 산업 혁명을 일으킨 이후 근래의 포스트모더니즘적 문화 양상에 이르기까지의 갖가지 다양한 긍정적·부정적 삶의 경험들을 불과 한 세대 미만 동안에 처러왔다. 그것은 우리 민족의 영광이기도 하지만 그 성급한 변화로 말미암을 부정적 결과라는 대가를 지불하지 않고는 가능한 것도 아니었다. 최근의 성수대교와 삼풍백화점의 붕괴가 그것을 극히 상징적으로 보여주고 있거니와, 현실 세계의 급격한 성장과 변모, 그것의 윤리적 타락과 몰인간성에 대해, 지식 사회는 그 부정적 양상들의 해독제(解毒劑) 기능만이 아니라 앞으로의 한국 사회의 발전에 주도적인 역할까지 감당하지 않으면 안 될 것이다. 그것은 문화와 정신이 현실과 실제의 비인간성을 교정해준다는 차원에서만이 아니라, 미래로 나아갈수록 개인적 집단적 삶의 양상은 문화적 형태로 주도되리라는 차원에서 그렇다. 그 역할은 무척 광범하고 복잡하며 다원적인 사고와 논의를 요구하는 것들이며 지적 재산과 활동의 성격이 기존의 것들과 현저하게 달라질 것이기에 그 요구가 실제에 있어서나 논리적 전개에 있어 보다 착잡한 문제를 안게 될 것이다. 그럼에도 우리는 그 요구와 문제를 담당해야 한다. 그것은 열린 사유와 포용의 태도, 급변하는 갖가지 양상들에 대한 지혜로운 전망과 실천적인 대응이 우리 지식 사회에 마련되어야 할 것을 의미하기도 하는 것이다. 그러한 자질과 태도 자체가 문화와 지식의 한 모습이다. 문화와 지식은 그 스스로가 표현이며 방법인 것이다. 그리고 그 문화와 지식은, 그 자체가 어떻게 변모하고 그것을 기반하고 생산하는 사회와 삶의 내용이 어떻게 변화한다 하더라도, 그것이 인간 중심의 이데올로기 위에서 피어나야 한다는 진실에는 변함이 없어야 할 것이다. 〔1995. 12〕

지식인에 대한 몇 가지 단상

 정과리의 「벌거숭이 지식인」은 그것을 읽는 나를 자꾸만 글 바깥으로 튕겨내고 있었다. 야심적인 이 글의 유려한 까다로움 탓도 있겠지만, 대목에 따라 혹은 논지에 좇아, 나는 한참 젊었을 시절의 나를 짓궂게 괴롭히던 전날의 정황에 대한 회상으로 밀리기도 했고 그 동안의 정치-경제적, 사회-문화적인 현실 변화와 함께 지식인의 역할이 어떻게 변화하고 있는가 하는 나름대로의 생각에 빠지기도 했으며, 아니, 도대체 지식인이란 무엇인가라는 본질적인 성찰에 젖어들기도 했던 것이다. 잊혀졌던, 이라기보다는 휩쓸려서 버려져 있던 질문들과 생각들이 한꺼번에 돌이켜지고 들이닥쳐져서, 정과리의 이 논리적이며 냉철한 글에 마찬가지의 객관성을 가지고 몰두하지 못하도록 만들었고, 내 안의 그런 방만스러워지고 싶어하는 욕망에 밀려 나는 내 멋대로의 사유들에 스스로를 맡기지 않을 수 없게 되어버렸다. 그래서 나는 저 스스로 흐르는 대로 흐르는 자유로운 상념들을 좇아 이 글을 반성적인 단상으로 만들기로 했다. 그래서, '지식인에 대한 벌거숭이스런 수상문'으로 되고 말 이 글은 「벌거숭이 지식인」이 촉발하고는 있지만 그 텍스트로부터 되도록 간섭받지 않고, 그리고 이르는바 비체계적으로 진행하고 싶다. 그것은 차라리, 자유로운 읽기를 통해 자유로운 소감으로 풀어내기를 바라는 바의 나의 의도이기도 하다.

* * *

우선, 먼저 떠오르는 회상 하나. 정과리의 글에도 인용되고 있는 나의 「지성과 반지성」이라는, 지금은 안쓰럽게 돌이켜보아지지만 당시에는 매우 뜨거운 가슴으로 달겨들었던 글이 씌어진 것은 1971년이었다. 나는 서른셋이었고 우리가 『문학과지성』을 창간한 지 미처 한 해가 지나기 전이었던 이 해에, 개헌으로 장기 독재 권력의 문을 열어놓은 여당 후보가 대통령 선거에서 우리의 희망이었던 야당 후보를, 그것도 억울하게 패배시켰고 드디어는 유신 선포를 준비하고 있었다. 정치적으로 가장 암울한 시기 속으로 미끄러져 들어가고 있는 이 시기에, 집권자는 소 등에 달라붙는 귀찮은 등에 같은 존재로 보인 지식인들을 잠재우기 위해 한 손으로는 홍당무를 들이밀고 다른 한 손으로는 채찍을 휘두르고 있었다. 지식인들은 당연히 그 홍당무에 입을 내밀든가 채찍을 감수하든가의 둘 중 하나를 택해야 했었고, 물론 부당한 권력이 내미는 홍당무 쪽으로 훨씬 많은 입들이 몰려 있었다. 자유당 시절의 이승만 대통령만 해도, 뒤에 들은 바로는, 전 시대의 선비답게 대학과 군부만은 권력에 이용하기보다는 보호의 대상으로 생각했고 4·19 때 학생들과 교수들의 항의와 군부의 중립적 의지를 받아들여 스스로 하야를 결심하게 되었다는 것이다. 그러나 일본군 출신의 군인으로서 지식인의 존재를 하찮게 생각했으며 떳떳치 못한 과정을 통해 집권한 박정희 대통령은 군의 정통성을 훼손하는 다른 한편으로 지식인 세계를 와해시키는 전략을 선택했던 것이고 그 작전에 따라 이 지적 집단이 분열되기 시작한 것이다. 「지성과 반지성」은 이럴 적에 씌어졌고, 이 글에서 '지식인'과 '지성인'이란 도식적인 구분을 강행하게 된 것은 독재 권력의 이 작전에 순응할 것인가 저항할 것인가의 선택에 대한 지식인들의 깊은 고민으로 말미암은 것이었다.

지금 돌이켜보면, 한국의 지식인상은 이 시기를 고비로 두 형태로 발전하게 된 것이고, 그것은 단순히 권력에 굴복하는가 비판하는가 하는 정치적 선택 이상의 차원에서 사회적 요구를 받아 나타나게 된 현상이 아닌가 싶다. 다시 말하면, 이제 막 산업화로의 출범을 이루면서 우리 사회는 그것을 민주적 절차를 무시 혹은 위반해가며 자행하는 정치 권력의 횡포에 대항할 비판 세력이 출현하지 않으면 안 되었었고, 그러는 동시에, 실무적으로 그 산업화를 담당하여 추진할 기능적인 관료적 지식 집단이 필요했으며, 그래서 어쩌면, 박정희의 전략이 아니더라도 지식 집단의 양분화는 자연스런 추세로 유도되었을 것이라는 이야기이다. 그 비판 세력은 자유주의적-인문주의적인 전래의 지식인으로 구성될 것이었고 기능적 지식 집단은 산업화에 대응할 새로운 전문가층으로, 예컨대 경제의 기획 관리들과 기업 경영자 및 전문 기술자 등으로 조직되게 될 것이었다. 이 분화된 세력이 예각적으로 충돌하지 않을 수 없었던 것, 아니 그렇게 내가 충돌시키고 싶어했던 것은, 정치적 민주화라는 우리 국민들 모두가 지켜온 가치 체계와 경제 개발이라는 우리 국민 모두가 열망하는 바의 성장의 논리가 서로를 배제하며 불화스런 관계로 왜곡되지 않을 수 없었던 조건 때문이었을 것이다. 이 분화 상태는 70년대 중에 더욱 깊은 골로 분열되어갔으며 그래서 한편은 체제 자체까지 비판하는 '재야' 세력으로 확산되었고 다른 한편은 후진국에서 중진국 대열로 끼여드는 경제적 '비약' 단계의 주도 세력으로 강화되게 된다. 후자의 이 기능적 관료 지식 집단의 주도권은 그 자체의 독자성을 획득해 있을 정도로 강화되어, 정치적으로는 박정희 못지않게 정통성이 없으며 그래서 그 횡포성과 자의성이 강한 5공적 권력임에도 불구하고, 그래서 그 권력의 휘하에 속해 있었고 그 지시에 종속되는 것은 피할 수 없었지만, 일정한 한계 안에서는 그 나름의 자율성을 행사하는 세력이 되어 우리 사회를 선진국 수준으로 인도하는 지도성을 발휘할 정도에까지 이른다. 권력에 대한 독자성을 확대해온 점에서는 재야의 비판 세력도 마찬가지여서, 통치권자의 위협과 체제

유지의 강령으로서의 법의 위엄을 조롱거리로 삼으면서 이제까지의 자유민주주의적 체통이 가한 금기를 깨트리고 변혁의 진보주의적 실천 운동으로 그 역량을 확산시켜나가는 방향으로 진전한다.

이런 극단화된 정황에서는 고전적 개념으로서의 지식인, 혹은 나의 표현을 다시 끌어들이면, '지성인'의 존재는 그 설 자리를 잃어버리지 않을 수 없게 된다. 내가 생각한 지성인이란 비판과 반성을 전제로 한 것이었는데, 관료적 지식인은 비판을 거부했고 재야 실천가들은 성찰을 회피했던 것이다. 그런 대신 우리 정신사에서 식민지 시대에 발견할 수 있었던 이념의 실천적 지식인상이 새로이 태어난다. 그 지식인들의 이념은 온건으로부터 급진에 이르기까지 스펙트럼처럼 다양하고 그들의 세대는 70대의 고령으로부터 이제 갓 대학에 입학한 20대에 이르도록 다층적이며 그들의 목표도 자본주의 체제의 전복으로부터 통일 추구와 자유민주주의로의 복귀 요구까지 다면적이고 그 행동도 주장의 글쓰기로부터 지하 조직 활동과 북한 방문의 급진성에까지 다각적이다. 우리는 그들을 몰아 흔히 진보적 지식인이라고 불러왔다. 30년대에 쇠퇴한 지 반세기 만에 다시 발견하게 되는 이 진보적 지식인들은 기존의 보수주의적인 갖가지 것들, 체제와 제도, 사유와 관행, 세력과 의식 전반에 대해 비판 내지 변혁을 요구했고 그 이념과 실천의 정신적 기반을 우리 사회에서 금기로 강요되어온 좌파 사상에 두고 있었다. 그들은 전통적 지식인이 해온 개인적 성찰을 거부하는 대신 집단적 반성을 하는 것이었고 인간의 덕성을 주장한 것이 아니라 체제의 도덕성을 강조하는 것이었으며 회의하고 사유하기보다 행동하고 실천하는 데서 지식인의 양심을 확인한 것이었다. 말하자면, 이들은 지식 '인'이란 개인적 주체가 아니라 지식 '집단' 혹은 '세력'이 된 것이고 이 안에서는 전통적 지식인상이란 무력해지거나 '소시민적 자유주의자'로 비판받는 존재가 되어버리지 않을 수 없었다. 그리고 진보적 지식 집단의 소속자들도 개인적으로 성찰하기보다는 토론을 통한 집단 노선의 확정, 책상 앞에서의 조용한 사유보다는 현장에서의 실제적인 행동, 합리주의적 판단력으로서의 지성보다는 도덕적·이상주의적 양심으로서의 실천을 선택하는 방향으로 선회한다. 그러면서 어쩔 수 없이, 그들을 탄압한 군부 권력 집단의 주저 없는 흑백론적 사고 방식과, 적과 동지로 사람을 양분하는 획일적 견해를 닮아가는 데 강하게 저항하지 못한다.

이념과 실제에 있어서의 급변적인 90년대의 정황에서 이들 진보적 지식 집단이 속절없이 해체되지 않을 수 없었던 것은 안팎의 객관적인 현실 변화와 그들이 기대고 있었던 좌파 진보주의의 실체 붕괴에도 주원인으로 작용하고 있지만, 그 지식 집단의 내질에도 그 작은 탓이 있었으리라는 판단이 그래서 가능해진다. 집단이 반성하고 행동이 사유를 유도하며 실천이 지성의 전제였기 때문에, 그 집단이 와해되고 행동의 효력이 약화되며 실천이 목표를 상실하면서, 지식인의 기능이 새삼 요청되는 90년대적 새로운 정황에 자리잡을 힘을 찾지 못하고,만 것이다. '진보적 시사 종합지' 월간 『말』의 100호 기념호(1994년 10월호)가 그려내고 있는 것처럼 대표적인 진보적 문학 세력이었던 민족문학인들은 잠복하거나 좌절하여 침묵에 빠져들고, 혹은 방향을 바꾸거나 생계에 급급해 있으며(오인호, 「90년대의 초상, 민족문학인들의 좌절과 모색」), 재야 세력들은 고뇌와 모색을 거듭하며 변혁으로부터 개혁으로, 혁명으로부터 사회 운동으로 그 노선을 수정하고(양재원, 「재야는 어디로 가고 있는가」) 있다. 그것은 어떤 쪽으로 보나 불행하고 섭섭한 일인데, 특히 그들의 개인적 처지에서는, 현실의 타개를 위해 어느 세대의 지식인들보다 힘들고도 거대한 노력을 했으며 그 성과가 이제 겨우 나누어 누릴 수 있게 된 단계에 이르러 정작 수난의 대가를 걷기는커녕 오히려 보다 깊은 상실감만을 안겨주었다는 점에서, 그리고 사회적 입장에서는, 자본주의의 모순과 타락을 견제하며 공동선을 추구할 진보적 사회주의의 이념과 운동을 지속화시킬 수 없게 되었다는 점에서 더욱 그렇다. 그들의 역사적 · 집단적 의미는 더없이 컸지만 개인적 · 이념 운동적 현실은 좌절적이다. 우리는 이 진보적 지식인 집단을 우리 정신의 역사에 반드시 필요했던 희생의 세대라고 불러야 할 것인가.

나는 정과리가 복거일의 말을 끌어들여 자탄하듯이 묻는 대목에 부딪히며 아픈 마음으로 동의한다: "한국의 지식인들에게는 논객만 있고 실무자는 없는 게 아닌가? 한국의 보수주의자들 속에 실무자만 있고 논객이 없는 것과 똑같은 형태로." 80년대의 진보적 지식인들이 우리 사회의 변혁을 강경하게 주장할 때 이념적인 차원에서나 현실적인 영역에서 그것에 대항한 우파 지식인은 거의 없거나 목소리가 작았으며, 90년대의 새로운 변화에 진보주의자로서 적절히 대응하기 매우 힘들어졌다는 것을 그 질문은 지적해주고 있는 것이다. 보수파는 압도하고 있으되 보수주의자는 극히 드물었던 것이고 진보주의자는 많되 진보파는 아주 적다는 것이 우리 지식인 역사에서의 분명한 취약점이 될 것이다. 그런데 이 지적은 오늘의 우리에게만 적용되는 것은 아니다. 지금도 자주 반성되고 있는, 해방 후 친일파를 거세시키지 못했으며 오히려 미 군정과 정부 수립 때에는 오히려 그들이 중용되었다는 사실에서도 이 지적은 적용된다. 독립 운동가들은 식민지 체제의 붕괴에 거대한 역사적 과업을 수행했지만, 불행하게도, 그리고 그 성격상 당연하지만, 독립 이후의 한국 사회의 운영을 담당할 능력을 갖출 겨를을 갖지 못했었으며, 그 능력은 일제 때 고등 교육을 받고 행정 관리의 경험을 쌓은 이른바 실무형의 친일파들에게 있었다. 논객과 투쟁의 지적 자산은 독립 운동가들에게, 운영과 실무의 능력은 친일파에게 나뉘어 있었으며 그 결렬이 이후의 역사를 왜곡시키는 결과를 초래한 것이다. 그러고 보면, 잘못된 사회사적 전개를 감수해야 할 시대에서는 비판적 지식인과 기능적 지식인간의 불화스런 분열은 일반적인 현상이 될지도 모른다. 비판적 지식인들은 숲을 보며 그 숲의 운명을, 대체로 비판적으로 바라보는 사람들이고, 기능적 지식인들은 나무를 보며, 역시 대체로, 낙관적인 기대를 가지고 그 나무의 성장을 위해 노력하고 있는 사람들이다. 더구나 오늘날처럼 지적 자산의 방대함과, 그것의 총체성과 전문성간의 분화는 이 비판성과 기능성간의 분열을 보다 심각하게 만든다. 이 분열이 심각하지 않았으며 진보파와 보수파가 정치·문화적으로 화해, 협력하던 시절이었던 50년대의 영국에서도 스노 C. P. Snow의 『두 개의 문화와 과학의 혁명 The Two Cultures and the Scientific Revolution』에서, 그 맥락은 전혀 다르지만, 진지하게 제기된 바가 있었는데, 지식 집단간의 관계가 훨씬 심각하게 악화된 우리의 경우 양자간의 결렬은 단순히 비판/기능, 비관/낙관의 차원을 넘어 지식 자체의 내용에까지 상극적인 거리를 드러내지 않을 수 없었다.

그런데, 여기서 문득, 두 개의 삽화가 내게 떠올려진다. 그 하나는 60년대 후반 이제 막 경제 개발의 작업에 나선 정부가 그 첫 삽을 경부고속도로에 댔을 때의 일이다. 언론과 지식인들은 물론 이 거대한 토목 공사를 맹렬히 반대했다. 그 공사가 1km에 1억이나 드는 낭비라는 것, 우리의 경제 단계에서는 시기상조라는 점으로부터, 고속도로는 차를 팔아먹기 위해 대체로 선진국이 경비를 지원해주는데 우리가 자비로 투자해야 하는가라는 점에 이르기까지 비판할 이유는 많았다. 그러나 정부는 그 완강한 반대들을 무릅쓰며 강행했고, 그 고속도로의 준공은 결국 이후 우리 경제의 고속화로의 길을 열어놓은 것이다. 2차선의 이 도로는 유통업을 발전시켰고 개발의 지도를 바꾸었으며 그 길을 달릴 자동차 공업을 일으켰고, 그러는 중에 한국을 경제적 후진에서 중진급으로 끌어올렸다. 나는 당시의 자본과 기술, 성장의 단계와 산업의 구조 등등에서 고속도로의 건설이 최선의 선택이었는지에 대해 모르고, 보다 효과적인 전략이 있을 수 있지 않았을까 회의하기도 하며, 그 전략의 채택이 비민주적이고 그 공사의 진행이 비효율적이었다는 것에 생각이 미치기도 하고, 더 근본적으로는, 그로 말미암은 경제 성장이 정치적 독재 권력의 탄탄한 대로를 이루었다고 비판하기까지 한다. 그럼에도, 그 도로가 유도한 경제적 효과는, 지식인들의 비판적 비관과 어긋나게도, 성공적이었다는 판단을 내리지 않을 수가 없다. 그렇다면, 당시의 지식인들이 반대 혹은 비판한 것은 어리석은 일이었던가. 또 하나의 삽화는 15년 전의 바로 이때, 박정희 대통령이 피살되었다는 충격적인 소식을 들으면서 내게 우선 떠오른 생각에 관한 것이었다. 그처럼 유신의 종말을 고대해오던 나는 불시에 닥쳐온 그의 죽음을 보고서, 그가 언젠가는 재평가받을지도 모른다는, 아니 재평가되어야 한다는, 그것도 긍정적으로 그럴 것이라는, 내가 생각해도 의외의 예상, 아니 기대감을 맨 먼저 느꼈었다. 내가 기대한 그 재평가는 당시에는 단순히 경제적인 영역에서만의 것이었지만, 이후 우리의 민주화 운동이 우리 국민들의 소득 향상을 기반으로 하여, 그와 더불어 탄탄히 전개되고 있다는 판단이 서면서 정치적 영역으로도 뻗쳐, 그는 민주주의의 발전에도 결과론적으로 기여하고 있다는 생각까지 차츰 일으키는 것이었다. 그 결과론은 그가 빈민 정책을 통해 권력의 독점을 기도하지 않고 독재의 명분을 부민의 전략에서 찾았다는 데서 빚어진 것이라는 다분히 역설적인 형태의 것이지만, 어떻든 오늘의 우리의 문민 정치와 자유 및 인권의 신장은 그가 추구한 경제적 발전의 혜택 위에서 이루어진 것만은 부인할 수 없는 것이다. 다시 그렇다면, 그의 독재 권력의 추구와 그를 위한 민주주의의 후퇴에 대한 지식인들과 국민들의 비판과 반대는 어떻게 보아야 할 것인가.

이 두 개의 삽화는 박정희 대통령을 옹호하자는 것도, 그와 함께 지식인들의 비판이 오류였다고 지적하는 것도, 당연히, 아니다. 그는 설령 그의 반대를 무릅쓴 정책 강행이 좋은 결과를 초래했다 하더라도 여전히 횡포스런 독재자였으며 경제 성장 못지않게 중요한 정치적 민주화를 후퇴시켰다는 잘못이 면죄될 것은 아니다. 그를 비판·반대하던 지식인들의 주장이 오류였을 수도 있지만, 그렇다고 해서 그 비판과 반대가 무용한 것이 아님은, 그 비판과 반대를 통해 권력과 지식인간에 조성되는 긴장감이 권력만이 아니라 국민 전반에 인식의 계몽을 유발하는 효과가 일어나는 것이고, 더욱이 지식인은 그 비판에 지식인의 독자적인 기능이 있는 것이지 정책과 국가 관리의 책임을 지고 있는 존재가 아닌 때문이다. 그러나 이 두 삽화는 지금의 내게 두 가지 성찰을 이끌어낸다. 하나는, 진리는 지식인이 신념하고 있듯이, 반드시 지식인 쪽에게만 있는 것은 아닐 것이라는 점이다. 나는 그렇기 때문에 권력에 그것이 있다고 말하는 것은 아니다. 권력에도 많건 적건 조금은 할당되어 있을 것이고 오류 역시 지식인들에게 적지 않게 남겨져 있을 것이며 어쩌면 그 둘보다는 다른 곳, 예컨대 침묵하는 다수에게 더 많이 있을지도 모른다. 그것은 역사가 어떻게 전개되는가에 따라, 그리고 그것에 대한 평가에 따라 진리의 함량이 분배될 것이며, 그래서 마르크스도 동료들에게 역사로부터 겸허한 마음으로 지혜를 얻어낼 것을 권고했을 것이다. 그러나 이렇다 해서, 권력과 지식인 혹은 대중이 역사에의 그 책임을 나누어가질 것은 아니다. 권력은 현실을 경영하는 권한을 가진 사람들이고 그래서 잘못된 역사의 책임은 그들이 전적으로 져야 할 것이며, 현실로부터 한 발 물러나서 거리를 두고 사유하는 지식인은, 현실에 대한 비판의 발언에 충실하는 한 당연히 면죄되어야 할 것이다. 지식인의 발언이 틀렸다 해서 그 잘못에 대한 책임이, 그래서 적어도 현실의 영역에서는, 추궁될 수 없다는 것을 나는 여기서 다시 강조하고 싶은 것이다. 다음, 사실이 그렇다면, 지식인의 책임이란 그가 가진 신념의 영역에서 져야 한다는 것을 자연스레 도출시킨다. 그는 공정하고 유연하게 사유하고 판단해야 할 것이며, 그 자신에 대한 비판을 감수하고 스스로의 신념에 반성을 동반하지 않는다면 지식인의 신념이란 것은 신뢰받을 수 없는 확신, 나아가 맹신이 되어버리고, 그는 더 이상 지식인적 존재가 되기 힘들어질 것이다. 지식인에 대한 통념에, 비판은 타인에게만이 아니라 자신에게도 향해야 한다는 것, 그들이야말로 사유와 반성을 하는 존재라는 전제가 함유되어 있기 때문이다. 그것은 가령, 하나의 잘못이 다른 선행까지를 아주 지워버리는 획일적인 사고를 회피하는 것이고, 지금의 판단이 오류일 수 있다는 불안을 지식인 스스로 깊이 간직하고 있어야 한다는 것을 뜻한다.

이 당연한 이야기를 되풀이 생각하게 된 것은 바로 나 자신이 이런 오류에 빠져 있는 것은 아닐까 하는 반성이 들었기 때문이다. 가령, 박정희 대통령의 정치적 범죄 때문에 경제 성장을 이룩한 그의 성과마저 지웠던 것은 아닐까; 앞에서 '역설적'이란 단서를 붙였지만, 국민 소득의 증가와 중산층의 확산이 결과한 우리의 민주주의적 역량이 불어난 것에 대해 공정한 평가를 내리지 못하고 있는 것은 아닐까; 또는 그 반대로 우리가 증오해 마지않았던 사람의 역할이 오늘에 이르러 의외로 크게 느껴지면서 그의 공도 그만큼 높여놓고 있는 것은 아닐까; 비판적 지식인의 고통스러운 정신 활동 때문에, 나의 「지성과 반지성」에 드러난 것처럼 기능적 지식인의 역할에 대해 지나치게 폄하한 것은 아닐까; 이념적 지식인들이 받아온 갖가지 수난들 때문에 그들이 자칫 빠져들던 비성찰적 행동주의를 시대가 강요하여 필연적으로 수행한 행위 형태로 유보 없이 상찬한 것은 아닐까, 그리고 그 때문에 내 자신의 열등 콤플렉스를 지나치게 키워왔던 것은 아닐까; 그러나, 진실은 내가 바라는 바의 사유적 지식인에게만 있다고 스스로를 과장하며 나는 오만해 있었던 것은 아닐까; 지식인의 신념이란 과연 교황이 누리는 것과 같은 무류성(無謬性)을 고집할 대상이 될 것인가; 나의 잘못된 판단이 설령 현실적인 책임으로부터 면죄된다고 해서 자질 없는 국회의원들처럼 면책 특권을 마구 휘두른 것은 아닐까; 아니, 나는 정말 지식인의 끝자리 대열에 끼여들 자격이라도 있는 것인가; 세월과 함께 때묻은 나이가 되어 내 젊었을 시절의 순진한 정열을 배반하며 스스로를 호도하고 있는 것은 아닌가; 정말 나는 '벌거숭이 지식인'이 되어 내 자신의 반지성적인 사고와 행동을 교활하게 논리화하고 있는 것이 아닌가 등등. 이런 자의식적 질문들이 「벌거숭이 지식인」을 보면서 끈질기게 나를 물고늘어지고 있었다. 그 반성은, 투명하고 날카로운 지성에 대한 그리움과 둔중하면서도 원숙한 지혜에 대한 바람을 동시에 느끼게 했다. 젊은 세대의 지성과 노련한 세대의 지혜가 더불어 함께 나누는 지식인 세계의 화해로운 교호! 그러나, 세상이 너무 급하게 변하고 그래서 세대간의 감각과 지적 자산이 지나치게 상이하고 또 분화되어, 그 풍요하고 생산적인 교호를 얻어내기가 우리의 지식 사회에서는 참으로 어렵다. 지식인 스스로가 벌거숭이가 되기에 앞서, 그 사회가 먼저 벌거숭이일 수밖에 없었던 우리 정신사의 참담한 조건이 한탄스러울 수밖에 없다.

정과리는 그 야심적인 글의 결론 부분에 이르면서 "이념의 퇴조, 대중의 도약은 비판적 지식인을 소외시키는 한편으로 지식 자체의 변모를 향해 간다"고 쓰고 있다. 비판적 지식인이 소외된다고 하는 것은 현재진행형으로서의 대중 사회만의 특성이라기보다는, 아마도 어느 사회에서든, 그러니까 고대의 소크라테스 시대든 언론의 자유를 신봉했던 제퍼슨 시대든, 거의 언제나 밟지 않으면 안 될 통상적 운명일 것 같은데, 그것이 현실을 경영하는, 그것도 기득권의 보수와 확장을 기도하는 권력으로부터나, 사회의 움직임에 반성 없이 순응하는 대중으로부터, 귀찮고 책임 없이 말만 많은 '등에'로 여겨질 것은 그 속성에서 불가피한 현상이기 때문이다. 요즘의 내게 자주 생각되는 지식인에 관련된 주제는, 우리 지식인 사회가 배출한 기능적 지식인, 비판적 지식인, 이념적 지식인 외에 지금 지식인의 새로운 유형이 태어나고 있는 중이고 그것을 나는 전문적 지식인으로 부를 수 있지 않을까 하는 것인데, 정보 기술 관련자와 그에 바탕하여 보다 세분되고 기술적인 전문직 지식인을 여기에 포함시킬 수 있을 것으로 생각된다. 이들이 이 시대에 새로이 출현하지 않을 수 없으며 그들이 다른 지식 집단과 변별성을 가지지 않을 수 없는 것은 지식인의 자산인 앎의 내용과 그것의 습득 및 활용의 방식이 달라지고 있기 때문일 것인데, 정과리가 '지식 자체의 변모'를 짚어내면서 그것은 "정보와 처리는 엄격히 분절된 두 개의 절차로 나누어짐으로써 〔……〕 세계를 표상하지 않고 모의(模擬)하는" 능력이라고 적은 그 앎을 뜻한다. 아마도 그 변모는 지식인의 앎만 변화시키는 것이 아니라 사회 전체의 '정보화'를 통해 이 세계 전반이 치러낼 변모인바, 그에 대한 정과리의 비판적 입증과 인문주의적 우려는 강한 설득력을 갖고 있어서, 첨단적인 컴퓨터 이기들에 대해 '컴맹'의 당혹감에만 젖어 있는 나에게 전율적으로 전염되어온다. "더 이상 개인의 사유는 존재하지 않고 집합체의 사유만이 존재한다. 그 집합체의 사유는 사람의 의식 일반, 사유 일반에 연관되는 것이 아니라, 인간 인지 체계의 특정한 부분들에 반향한다. 개인은 기관들로 분해되고 각 기관은 거대한 그물망 속에 복잡하게 반향하면서 재구성된다." 요컨대, 총체적 사유가 이루어질 수 있는 형이상학과 합리주의, 인간-주체와 세계-대상간의 해석적인 관계가 종말을 고하고, 사람은 기계가 만들어내는 '거대한 환상'으로 조작의 대상이 될 수 있다는 것이 그의 비판의 결론이다.

그런데, 새로운 기기들에 겁 없는 초심자여서인지 어려웠던 시절을 어렵게 살지는 않았던 노회한 낙관론자로 변모해서인지, 나는 그 비판적 전망 속에 어떤 새로운 가능성을 발견하고 있는 것도 정직하게 고백하자. 그 가능성이란, 70년대의 내가 그처럼 비판적으로 비난한 기능적 지식인이 우리 경제 발전의 견인이 되었다는 뒤늦은 확인, 그리고 그 기능적 지식인들이 유신 권력과 제휴하여 주도하던 그 살벌한 시대에 그에 맞서 그만큼 격렬하게 저항하는 이념적 지식인이 생성되었다는 80년대적 경험의 연장선에서 생겨난 것일 것이다. 그러니까, 전산망을 통해 끊임없이 들어오는 정보들을 처리하고 쉼없이 그것들을 보내며, 어디를 가든 핸드폰을 들고 부절나게 교신하며 무엇을 타든 노트북 컴퓨터를 펼치고 키보드를 두드리는 사람들, 갖가지 통계와 수치를 맞춰보고 그래프를 그리며 방정식을 대입하는 사람들, 어제 만든 것보다 더 신속하고 편리한 소프트웨어를 개발하기 위해 컴퓨터를 토닥거리며 밤샘을 하는 사람들, 자기가 종사하는 부문에 대해 확신을 가지고 변화에 대응하며 개선의 방안을 찾는 사람들, 그리고 주말이면 승용차에 가족을 태우고 유쾌한 여행을 떠나는 사람들, 셰이빙 로션 냄새를 풍기며 슈트케이스를 들고 외국어를 세련되게 하는 사람들…… 이들은 전시대의 관료적 기능 지식인들과 비슷하면서도 다른데, 그들의 역할에서는 선배의 것을 답습하고 있고 그래서 기능적 전문성이 그들의 장기를 이루고 있지만, 그들의 지적 자산이 현대적 과학 기술의 산물이며 그들의 장래가 도전의 욕구를 일으키는 변화하는 미래로 열려 있다는 점에서 조금은 다르다. 이들의 활동과 능력에 따라 우리 경제와 사회, 혹은 과학, 더 나아가 문화와 인간의 성격과 가치 체계까지 전반적으로 변화할 것이며, 그리고 이들의 인구는 보다 많이 늘어나고 그들이 참여하는 전문 분야의 수와 정도는 더욱 커질 것이다. 그래서 멀지 않은 장래의 우리 사회는,

노동이 육체적인 것으로부터 지능적인 것으로 옮겨가고 생산의 중심은 생존의 물품에서 향유의 소비재로 바뀌며 그래서 여가-문화-지식의 산업이 번창할 것이다. 이때 예술가·지식인·전문가 들은 전날의 서재와 실험실을 벗어나 공동의 작업장으로 모여들 것이고 그래서 폭넓은 의미에서의 전문가들은 창조자와 연구자에서 창의의 기능적 집단으로 그 성격이 변화될 것이다. 그 새로운 창의적 전문가 집단은, 기능적이라면 어느 시대의 어느 기능인에 못지않게 기능적일 것이며, 전문적이라면 어떤 분야의 어떤 전문가들보다 정통한 지식들을 가질 것이고 그런 점에서 지식인다움을 평균적인 중간층으로 확산시킨, 그럼에도 전문적인 지식인다움을 다분히 드러내고 있는 지식인일 것이다. 그것은, 마치 꿀벌통처럼, 무수히 세분된 고립된 세계로 분화된 형상을 이루며, 그래서 전체에의 통찰과 보편적인 이해가 불가능해질 듯한 모습을 보여줄 것이다.

그러나 그런 사회가 반드시 폐쇄된 벌집과 같은 좁고 기능적 사회로만 일관할, 비관적인 장래만 만들어낼 것인가? 그래서 총체적 인식을 갖고 사회의 근본을 반성할 비판적 지식인들은 사라질 것인가? 나는 이 질문에 대해 반드시 비관적이지만은 않다. 그때에도 여전히, 어쩌면 더 강한 반성적 세력이 활동할 것이라는 생각이다. 그 생각에는 어쩌면 제로섬 게임처럼, 하나의 지배적인 추세가 주도하면 그만큼 강력한 반항 세력이 형성될 것이라는 계산이 숨어 있다. 그 비판적 세력은 아마도 두 측면으로부터 충당될 것으로 나는 예상한다. 하나는, 그 사회적·지적 변화로부터 소외된 집단이다. 이들은 기능화하고 전문화하는 추세로부터 탈락하고 거기서 생기는 수혜를 분배받지 못하는 사람들일 터인데 이 한계 집단은 소비 향유적이고 전문 기능적인 삶의 형식에 당연히 경멸과 비판을 제기할 것이다. 60년대적인 사유적 지식인과 70년대적 관료 지식인에 대항하여 80년대에 이념적 지식인이 출현한 것, 혹은 자본주의 체제가 농숙해지고 자민족 중심주의적 정치 이데올로기가 팽배해 있을 때의 독일에 프랑크푸르트의 사회과학연구소의 비판적 지식인들이 나타난 것이 그런 예일 것이다. 또 하나의 측면은 바로 그 새로이 태어나는 지식인 집단 자체이다. 이들은 세분된 분야의 전문가들로 좁은 구멍을 통해 자신의 작업을 기능적으로 처리하는 사람들이지만, 어쩌다 문득 그 구멍으로 자신의 작업 너머를 보게 되면 그것이 얼마나 잘못되고 비틀어진 것인가를 깨닫게 되고 자기가 전문으로 담당하고 있는 일들의 비인간적인 모습에 비판적 시각을 체득하게 될 것이다. 수소 폭탄을 개발한 소련의 과학자 사하로프가 인간의 권리와 생명의 존엄성을 학대하는 데 항의하여 반체제의 휴머니스트로 전향한 것처럼, 혹은 판사로서 법의 한계를 절감하고 입산한 효봉 스님처럼, 파면을 감수하며 내부 비리를 폭로한 이문옥 감사관처럼. 그리고, 내 주변에서 컴퓨터 조작에 가장 능숙한 정과리가 바로 그 컴퓨터 세대 속에서 새로이 태어날 지식인 집단에 비판적 견해를 발언하고 있는 것처럼. 성찰과 비판이 바로 이 집단 속에서 조성될 때, 그 사유의 적합성과 유효성은 가장 바른 정곡으로 향해 나아갈 것이다.

나는 새로운 지적 체제 속에서 새로운 비판적 지식인이 그냥 조성될 것이라고 말하는 것은 아니다. 사회가 기능화하고 전문화될수록 이 비판적 지식인의 사유 작업은 힘들어지고 소외되며 약해진다. 그것을 방지한다기보다 육성할 수 있는 방안이 사회적으로 마련되지 않으면 안 된다. 그것은, 폭넓게는 이제까지 숱하게 강조되고 운동화한 언론과 사상의 자유가 실질적인 차원에서까지 확보되어야 하며, 무엇보다 인문주의적 교육과 사유법이 강조되어야 한다는, 이제까지 끊임없이 되풀이되어온 주장의 실천이 우선 포함되어야 한다. 그리고 전위적이고 실험적인 고급한 예술 활동이 지원받아야 한다. 앞으로 더욱 성장할 문화 산업과 지식 산업은 그 실제에 있어서는 위락과 여가를 위한 소비품으로 전락할 가능성이 그만큼 분명해지는데, 이럴수록, 마르쿠제가 역설한 것처럼 고급 예술이 갖는 비판적 역할이 절실해지지 않을 수 없으며, 그것은 거의 대항적 이데올로기가 되어 정과리가 우려하고 있는 비- 혹은 반-인간화의 문화적 · 가치관적 추세를 견제하는 세력으로 떠올려내야 할 것이다. 나는 이런 사회적 장치가 우리나라에서 쉽게 마련되지는 않을 것이라는 점에서 비관적이며, 우리의 비판적 지식 사회의 함양을 위해서 실질적인 비판을 가해야 할 부분이 이것이라고 생각하고 있는 중이다. 두려운 것은 우리의 앞으로의 사회가 반지성적 · 기능주의적으로 흘러가는 데 있다기보다는, 그 추세에 대항할 비판 세력을 양성하지 못하는 우리의 무자각과 게으름에 있을 것이다.

*   *   *

자유로이, 떠오르는 대로 쓰겠다면서, 나는 지금껏 무엇을 써 왔는가. 뜨거웠던 것으로부터 내가 얼마나 슴슴해졌는가 고해를 해온 것인가? 절망과 비판에 휩싸이던 젊은 날들을 버리고서 때 묻은 50대가 되어 기름기가 번질거리는 기성 세대로서의 특혜를 즐기며 노회한 낙관론을 뻔뻔하게 펼치고 있어온 것인가? 고민에 찬 정과리의 글을 읽고, 거기에 인용된, 고통스러움을 피력하는 내 글을 마치 남의 글처럼 다시 보며, 젊음의 용기에 나이든 이의 지혜를 대조시키고 있는가? 이렇게 거울로 들여다보듯이 들여다보는 내 자신의 내면은, 부끄럽고 치사스럽다. 그러나 이런 것이 이즈음의 나의 정직한 생각들이고 스스럼없이 느끼는 감정이라고 말해두자. 자기 시대를, 자기 나이에 걸치는 느낌과 생각으로 말하는 것은, 비록 그 안에 오류를 품고 있다 하더라도, 거짓말을 하는 것은 아닐 것이라고 자위하면서. 그리고 그 자위 속에, 내 자신을 아직은 지성의 세계에 잡아두고 싶은 욕망을 느끼면서. 〔1994. 겨울〕

80년대: 인식 변화의 가능성을 향하여

I

나는, 다른 대부분의 평균적인 사람들과 마찬가지로, 일종의 경악과 감동으로 70년대 마지막 해의 10·26을 맞았고 12·12의 불안을 겪었으며, 80년대 첫봄을 수선스럽게 보내다 충격과 절망의 5월을 치렀다. 그리고 10년이 지났다. 이 10년 동안, 나는 끊임없는 시위—운동, 체포—구속, 석방—사면의 되풀이와, 호헌/개헌의 정치적 대결의 보도를 고통스러움과 안타까움으로 되풀이해 읽었으며, 6·10과 6·29에서 새로운 벅찬 희망을 발견했고 대통령—국회의원 선거중에는 당연히 흥분했으며 제6공화국이 출범한 이후에는 기대 반 실망 반으로 지켜보는, 역시 대부분의 평균적인 사람들과 비슷한 생각과 느낌으로 지내왔다. 그러면서도 내 자신의 현실적인 삶은 조용하고 무기력하며 별다른 변화 없이 고지식하게, 다른 말로 쓰자면, 고여 있는 모습으로, 유지되어왔다. 그러나, 80년대의 마지막을 보내는 이제 돌이켜 보면, 10년 전의 내 자신은 아득하게 보인다. 그 아득함은 세월

이 그처럼 덧없이 지나쳤다는 것을 뜻하기보다는 나의 생각과 인식의 방향이 그전에는 감히 예상할 수 없을 정도로 바뀌고 넓어졌다는 것을 의미한다는 것이 솔직한 고백일 것이다. 나는 이 10년 동안에, 우리의 지금까지의 역사에서 금기였던 마르크스를 읽었고 발음할 수 있게 되었으며, 적어도 나의 생애에서는 가능한 것으로 꿈을 꿀 수도 없었던 북한 방문자의 여행기를 보고 내 자신이 소련을 구경할 수 있었으며, 감히 떠올릴 수 없었던 미국에 대한 비난을 들으며 나도 거기에 상당히 공감할 수 있게 되었다. 전설로만 여겨지던 월북 작가의 작품이 간행되고 소문조차 듣지 못하던 현대 북한의 시와 소설들에 대해 나는, 그것도 긍정적으로 쓰기도 했다. 나는 80년대 중반 못미쳐서 우리 정치권에도 진보 정당이 필요하지 않을까라는 발언을 조심스럽게 제시해 본 적이 있지만, 아직 그것이 실현되지 않은 가운데에서도 노동운동과 노사 쟁의는 거침없이 제기되고 있고 그들의 정치 세력화 조짐도 나타나고 있으며, 더 나아가 급진적이고 극좌적인 혁명과 통일의 논리도 운동권에서, 아직은 탄압받는 속에서, 그러나 활발하게 전개되고 있다. 요컨대, 10년 전에는 전혀 예상도, 이해도 할 수 없었던 것들이 이제 활달하게, 자유롭게, 그리고 아마도 풍요하게, 일어나고 있고 그것들을 이제 나는 별다른 공포감이나 의외감 없이 받아들일 수 있게 되었다는 것이다. 고전적인 민주주의의 회복만이 거의 유일한 관심사였으며 현실 변혁에 대해서는 그 관념조차 이해할 수 없었던 70년대말의 나와, 어떤 극단적인 발언이나 극적인 일까지도 놀라움 없이 대할 수 있게 된 그 후 10년 만의 나와의 거리는 이래서 정말 아득한 것이 아닐 수 없다.

우리의 내면과 의식에 있어서의 이 현격한 거리감, 이것이 우리의 80년대란 시대가 우리에게 일으킨 가장 큰 기여가 아닌가 싶다. 이 시기의 사회 구조적 혹은 역사적 성격이 70년대의 연장선에서 파악되든 또는 다른 관점으로 해석이 되든, 그리고 삶의 상황이 전과 다름없이 열악한 상태에 놓여 있다고 비판하든 또는 개선된 것으로 평가를 하든, 우리의 지적 정보와 인식의 방향은 놀라울 만큼 확대되고 자유로워지고 다양해졌다는 점은 누구도 부인하기 힘들 것이다. 혹은 진보주의의 논리에는 비현실적인 허구가 깊이 숨어 있으며 급진주의적 주장에는 시대착오적인 관점이 지배하고 있다고 비난하는 사람에게 있어서나, 사회의 변혁과 분단의 해소를 향한 갈망과 그를 위한 운동은 여전히 금기시되며 그래서 우리의 상황은 독재적인 상태로 지속되고 있다고 부정적인 선언을 하는 사람에게 있어, 그리고 이와 같은 보수/혁신의 갈등이 우리의 미래를 어둡게 만든다고 우려하는 자유주의적인 심성을 가진 사람들에게 있어서나, 우리에게는 이제 많은 대안들이 제시되고 있고 우리 자신의 선택의 폭은 그만큼 넓어졌다는 사실 자체만은 똑같이 인정될 것이다. 아마도 우리 역사에서 이만한 정도의 지적 자유와 인식의 다양성이 제공된 것은 드물었을 것이며 이 80년대만큼 우리 지식 세계의 적극적인 현실 도전과 지배적인 이념 체계와의 격렬한 싸움, 그에 합당하게 거둔 성과를 경험한 시대도 없었을 것이다. 나는 이제 마감하는 우리 80년대에 대해 가능한 여러 측면의 다각적인 평가 중에도 우리의 인식 체계의 변화와 그것의 지평 확대가 어떤 것보다 먼저, 그리고 가장 중시되어야 한다고 생각하며 그것은 90년대의 우리의 지향과 선택, 변화와 성취에 가장 깊고 근원적인 잠재력을 발휘할 것으로 내다보인다.

물론 우리 역사에도 지적 활기를 드러낸 시기들이 있었다. 가령 한말의 개화기와 식민지 시대의 20, 30년대, 그리고 짧았지만 활기찼던 해방 직후와 4·19 직후가 그것이다. 그러나 이 시절의 지적·이념적 활기에는 분명한 시대적 한계가 있었다. 예컨대, 새로운 가치 체계의 도입 욕구에 비해 보수적인 체제와 이념과 현실이 너무 압도하고 있었다든가, 식민 통치의 억압 속에 갇히게 되었다든가, 극우적인 군정 또는 군부의 가혹한 견제에 눌려 있었다는 점; 따라서 선진적인 이념과 가치 변혁의 의지를 뒷받침할 현실과 사회 구조의 변화가 이루어지지 못한, 그러니까 이론과 실제의 격차가 해소되지 못한 점; 비판적인 인식 체계가 지식층만이 아니라 평균적인 대중들에게까지 확산되지 못하고 민중적 공감을 확보하지 못했다는 점 등등이 얼핏 떠오르는, 지난날의 인식상의 변혁 운동이 지닌 한계였을 것이다. 80년대의 그것에 전시대와 비슷한 어떤 억압과 한계가 없었던 것은 아니었다. 유신 시대에 못지않게 군부와 극우 세력이 현실 권력을 장악하고 있었으며 성장의 혜택을 보수하려는 중산층이 비대하고 있었고 낡은 반공주의와 오랜 순응주의가 우리 사회에 미만해 있었다. 그럼에도, 전시대와는 달리, 그리고 지난날에는 다다를 수 없었던 지적 확대와 인식론상의 혁신이 가능했다. 어떻게 해서일까. 그 원인을 살펴보는 것은 물론 80년대 전반에 대한, 혹은 적어도 정신사적인 측면에 대한 야심적인 진단이란 과제가 될 것이다. 그러나 나로서는 감당하기 힘든 그 작업은 다른 도전적인 사학자들에게 맡기면서 지금 내 나름으로 정리할 수 있는 그 원인은 대략 이렇다.

우선 경제적인 성장과 그 성장에 개입된 개발 방식을 지목할 수 있다. 다른 후진국에 선망의 대상이 되고 있는 우리의 경제 개발은 그것이 야기한 숱한 부조리와 부정적 양상에도 불구하고 어떻든 우리의 소득 수준을 향상시켰고 절대 빈곤을 벗어나게 만들었다. 이 효과는 우리의 문화와 의식에서 삶의 결의 향상과 내면 생활의 확대와 충실을 요구하게 하며 정신적 자유와 지적 다양성을 소망하게 한다. 그 개발의 전략이 강한 비판을 받게 한 수출 드라이브에 근거한 바 이 전략은 정보의 개방성과 인식의 변화를 동반하지 않을 수 없게 된다. 요컨대 경제 성장은 그 과정과 결과에서, 그리고 간접적으로나 직접적으로 우리의 지적 체계의 변화에 기여하게 되었다. 두번째 원인은 경제 변화에 따라 사회의 구조 변화가 이루어졌으며 그것은 전래의 농촌 체계에서 현대적인 도시 체계로, 자연 의존적인 생활 유형에서 상품 소비적 생활 유형으로의 변동으로 나타났다는 점이다. 이 변동은 물론 인식 자체의 변화에 작용할 뿐만 아니라 그 변화의 기반과 힘이 되는 합리주의와 자유주의를 신장시킨다. 더구나 사회 현실의 변화는 미래에 대한 전망과 도전을 가능케 하며 주어진 조건에 대한 순수한 수락에 멈추지 않고 그것을 수정·변화시키려는 의지를 심어준다. 그러나 경제와 사회의 이러한 구조 변화만으로는 우리의 인식상의 변혁이 이루어지는 것은 결코 아닐 것이다. 지식층과 학생들, 노동자와 중산층들의 자발적인 개혁 의지가 여기서 틀림없는 변혁 요소로 지목되어야 할 것이다. 그들은 온건한 자유민주주의로부터 행동적인 급진주의에 이르기까지, 보수적인 우파로부터 주체 사상적 극좌파에 이르기까지, 순응적인 수정론자로부터 혁명적인 변혁론자에 이르기까지 다양하다는 정도를 넘어 상반적이기까지 한 이념적 전략과 전술적 편차를 보이고 있지만 극우파를 제외한 대부분의 의식인들은 우리의 정치 현실로부터 사회 경제적 실상과 문화 체계는 바꾸어져야 한다는 사실을 제창하고 혹은 동의했다. 이들은 변화를 향해 일종의 폭넓은 공감대를 형성했고 조금씩 획득해가는 변화의 성취들에 대해, 저항감이든 미흡감이든 어떤 불평을 무시하지 않은 대로나마, 신선감을 얻을 수 있었다. 그것은 지적 확대와 인식의 다양성을 우리가 긍정적으로 흡수하고 있다는 것을 말해주는 것이었다. 이상과 같은 점들은 우리의 80년대에서 가장 현격한 정신사적 변혁을 가능케 한 시대적 특질이 될 것이다.

Ⅱ

 이 정신사적 변혁을 나는 80년대의 가장 중요한 성과로, 적어도 80년대가 우리의 역사에서 가장 의미있는 시기로 기술하게끔 만들 요목이라고 생각한다. 그것은 우리의 현대의 인식의 역사에서 처음으로 금기의 체계를 벗어나 사유 전반에서의 상반된 가치와 이념을 동시에 포괄할 기회를 만들어주었다. 우리가 우리의 역사적 현실 때문에 하나의 지배적 이념과 사고 체계만 허용되고, 그 밖의 것들에 대해서는 이단적이며 민족 배반적인 이념과 체계로 금기되고 처벌받아왔으며, 하나의 지배적 관념들은 우리에게 선험적인 정당성을 부여받아, 거의 자동적으로 우리의 인식 기반으로 기능해왔던 것에 생각이 미친다면 비록 지금도 충분히 자유롭지 못하고 오히려 상당한 견제를 받고 있음에도 반체제적·급진적 사유법들의 활발한 진전은 정말 놀라울 정도를 지나쳐 혁명적이라고까지 말해도 좋을 것이다. 이 변혁의 단초는 성장의 혜택에서 소외된 혹은 희생당한다고 생각되는 하층민들에 대한 문학적 관심으로서의 소박한 민중론에서 발견될 수 있을 것이다. 그러나 민중문학론이 제기된 이후 20년 남짓 지난 이제 우리의 발언은 문학에서만이 아니라 인문·사회과학 전반에, 정치적 요구와 경제 사회적 욕구에, 민족적 정통성의 회복과 통일의 의지에, 모든 분야와 측면과 지층에, 그것은 더욱더 발전되고 심화되며, 진전되고 과학화되며 논리화하고 실천화하면서 확대 적용되고, 우리 의식 전체에 미만하게 되었다. 한 젊은 학술 비평가가 이름붙인 이 '인식틀의 도미노적 현상'은 거의 전폭적이면서 우리 지식 세계가 두 세대 이상 축적하고 논리화해 온 역사적 · 이론적 · 분석적인 지식 체계 전반을 개편한다. 이러는 과정은 불과 10년이란 결코 길지 않은 시간 동안 그러나 집요하고 왕성한, 그래서 반발과 억압을 동시에 감내해야 하는 어려운 작업을 통하는 것이었다. 이 과정의 한 예를 우리는 우리에게 철저한 금기의 대상이 되었던 마르크시즘의 한국적 수용 과정에서 발견할 수 있다.

해방, 늦어도 6·25 이후, 우리 학계에서 그 이름을 쓰지 못하거나 쓸 수 있다 하더라도 비판과 비난에만 한정되었던 마르크스에 대해 인용이나 언급들이 나타나기 시작한 것은 70년대 후반이었다. 그것은 현대 사회의 특징으로 지적되고 있는, 그리고 미국에서 활동하여 우리에게도 많은 번역으로 잘 알려지게 된 프롬과 그의 동료들의 소외에 대한 연구를 통해서였다. 그랬기 때문에, 여기서의 마르크스란 이름은 현대 소외론자들의 인용 속에 묻히거나 슬쩍 지나치는 정도였지만 소외에 대한 사회과학적 문제 제기를 처음으로 그리고 본격적으로 전개한 그의 학문적 비중이 결코 가려질 것은 아니었다. 그래서 보다 적극적으로 그의 이름이 표면화될 수밖에 없게 되는데, 70년대말의 우리에게 소개되기 시작한 프랑크푸르트 학파의 비판 이론이 그 계제로 기여한다. 이 비판 이론은 우리의 학문 체계에 세 가지 점으로 신선하게 수용된다. 그 하나는 이제까지의 미국 일변도의 학문 수입에서 탈피하여 비로소 서구의 현대 이론을 접할 수 있게 되었다는 것; 둘째로 기능주의·행태주의적 사회과학 접근법으로부터 비판적·메타-이론적 시각을 배우게 되었다는 것; 그리고 셋째로 비록 '네오'라는 한정사가 붙긴 했지만 '마르크시즘'을 끌어들이게 되었다는 것이 그것이다. 우리의 해방 이후의 학문 체계는 여기서부터 새로운 전기를 맞는다 해도 과언이 아닐 것이다. 유신 말기와 10·26 후의 계엄 시절, 마르크시즘에 대한 검열의 눈은 오히려 더욱 가혹해졌지만 네오마르크시즘은 정통 마르크시즘에 대해 비판적이라는 사연으로 호도될 수 있었고 그 때 일기 시작한 출판붐으로 엄청나게 쏟아지는 신간들의 홍수 속에서 그 모두를 일일이 검열한다는 것은 어려운 일이었는데, 더욱이 프랑크푸르트 학파의 저서들은 독일에서나 미국에서의 우파의 탄압을 피하기 위해 난해한 문장으로 씌어졌던 것이다.

80년대초의 반정부적 혹은 반체제적인 열기는 재야 정치인들과 지식인·종교인·학생·노동자 등 우리 사회 전반에 확대되었고 그들을 연계 제휴시키는 상징어는 '민중'이었으며 그들의 주장과 의지를 표현하는 매체는 신문이나 잡지가 아니라 단행본의 출판물이었다. 책은 단순한 정보 전달이나 정서의 함양 또는 지식 전수 그 이상이었다. 그것은 현실 모순의 폭로, 사회 비판의 의식, 체제 개혁의 필연성을 제고하는 가장 중요한, 어쩌면 유일한 매체였다. 많은 책들이 쏟아져나왔고 그 중의 또 많은 책들이 당시의 정권으로서나 그 정권이 기반하고 있는 체제에 '불온하고 반국가적인' 책들이었다. 검열은 강화되었고 납본이 허용되지 않은 불법 도서들이 늘어났으며, 문제 학생들이 여러 이유로 체포되면 그 증거물로 책들(그 중에는 '합법' 도서도 끼여 있었다)이 제시되었다. 여기서 반체제로 '의식화'하는 책들은 '이념 도서'로 낙인찍히고 문명 사회에서는 치욕으로 치분되는 '금서'의 용어가 생겨나며 당국에 납본하지 않고서 서점 아닌 방법으로 유통되는 '지하 출판물'의 편법이 나타난다. 아이러니컬하다기보다는 오히려 더욱 자연스럽게, 이 이념 도서가 더욱 지식층의 관심과 선호의 대상이 되며 새로운 정보와 인식의 보다 믿을 수 있는 매체로 떠오르고, 그래서 지하 출판과 유통이 더욱 활발하게 된다. 이미 우리처럼 복잡해진 사회에서 검열과 통제는 분명한 한계를 가지고 있었고 복사기가 일상 용품이 되어 있기 때문에 '금서' 정책은 어떤 실효를 얻기는커녕 되레 선전 효과를 주었을 뿐이었다. 더구나 학생들이나 지식층 등의 지적 독자층은 출판과 독서의 자유를 제한하는 이유를 수락할 수 없었고 그들에게 금지된 도서들에서 이제껏 듣지도 배우지도 못했던 새로운 신선한 정보와 인식들에 끌려 있었다. 이들 금서 목록 중에 가장 중요한 비중을 차지하면서 가장 매력 있게 다가온 것이 마르크스와 마르크시즘 관련 서적이었다.

  82년초 정부는 중요한 결단을 내린다. 마르크스와 그의 이념에 대한 비판서들의 번역 간행을 허용한다는 것이 그것이다. 그러나 이 조치는 그 원인과 결과에 있어 정부의 의지와 상반된다. 표현은 '허용'이었지만, 실제에 있어서는 이념 도서의 범람을 더 이상 막아낼 수 없다는 판단하에, 그렇다면, 차라리 능동적으로 마르크시즘 비판서의 간행을 유도한다는 쪽으로 방향을 바꾼 것이다. 그래서 미리 목록을 작성하고 출판사에 그것의 역간을 종용했다. 그렇게 해서 마르크시즘 도서는 우리의 정부 수립 이후 처음으로 합법 도서로 출판될 수 있게 된다. 그리고 이 도서들은 마르크시즘을 '비판'함으로써 그것을 극복하겠다는 의도를 품고 있지만, 비판하기 위해서는 그 내용을 알고 인용해야 하며, 또 그 이념의 모든 것이 전부 나쁘다고만 말할 수 있는 것은 결코 아니다. 정부를 위해 더욱 나빴던 것은 이를 계기로 더욱 많이 쏟아져나오게 된 이념서들을 정확히 분간할 수 없었을 뿐만 아니라 지하 도서들의 생산과 유통은 한 단계 '위험 수위'를 높여 생산되고 유통되게 된 것이다. 80년대 후반으로 넘어서면서 드디어, 마르크스와 엥겔스 및 레닌의 저서들이 『자본론』을 비롯하여 선집과 전집의 형태로, 그것도 여러 출판사들의 경쟁 속에서 역간된다. 그러나, 한번 떼어놓은 걸음은 여기서 멈출 수 없게 된다. 마르크스 등의 사회주의적 저서들 간행에 대한 정부의 묵인을 보면서, 그러나 정부의 어떤 견제들도 경멸하면서 80년대의 중반기를 넘으면서 현대 소련의 사회과학과 철학 도서들을 역간하고 유통시켰으며, 88년 올림픽을 치르면서는 북한의 책들을, 가령 『김일성 선집』까지도 복각하여 서점에 내놓았다.

이제 마르크스와 마르크시즘만 해도 온건한 이념 체계로 보일 만큼, 좌파의 가장 극단적인 이념서들이 우리 앞에 놓여 있게 되었고 그 발행자들이 처벌되는 일이 잦음에도 불구하고 우리의 독서 행위에서 금단의 영역은 사실상 없어진 것이다. 우리 학자들에 의한 마르크시즘 연구서가 나오고 대학들에 정치경제학 강의가 설치되어 많은 수강생들이 몰려든다는 사실은, 그리고 더욱이 이런 사실들이 이제 더 이상의 큰 화제가 되기도 어렵게 되었다는 사실은 우리의 마르크스 수용이 얼마나 급진적으로, 치열하게, 그러나 지나치고 보면 자연스럽고 당당하게 이루어졌는가를 확인시켜준다.

마르크시즘의 수용은 그것의 저서들과 이론들의 역간과 소개에 멈추지 않았다. 그것이 우리의 학문과 정신에 더 크게 기여한 것은 마르크시즘 시각에 의거하여, 혹은 사회주의와 좌파적 관점에 기초하여, 그리고 그쪽 학자들의 논리와 방법론을 응용하여 우리의 역사와 사회, 현실과 이념을 전면적으로 재검토하고 개편하는 일이었다. 여기에는 마르크스의 기초 개념들만이 아니라 레닌의 제국주의론과 같은 응용 마르크시즘이 적용되기도 하고 종속론·국가독점자본주의론과 같은 현대 정치경제 문제에 대한 마르크시즘적 시각이 기여하기도 했다. 그것이 우리에게 가한 인식론적 변화는 우리 사회의 기본 모순에 대한 논쟁을 진전시키고 우리 역사의 사관적·실증적 재검토를 요구했으며 무엇보다, 학문이 마르크스가 가르친 대로 실천적이어야 한다는 명제 아래 그것들이 우리 사회 개혁의 의지를 담보할 수 있는 방향으로 구성되기를 강조했다. 젊은 연구자들은 자신들의 연구 과제에 따라 각양의 독서 서클과 연구회를 조직했고 함께 읽고 토론하며 공동으로 논문을 작성했다. 이러한 시작과 의도와 연구 편제에 따라, 기왕의 우리 연구 업적들은 크게 비판되고 그 한계가 지적되며 학문 그 자체가 기존의 보수주의적·미국(또는 서구 자유주의) 중심적 시각으로부터 탈피하며 현실 사회와 학문과의 실천적 연계성이 중시되었다. 그러니까 마르크시즘은 우리의 어떤 학문 전공자이든, 그의 관심의 방향이 무엇이든, 혹은 마르크시즘에 비판적인 논리를 가지려는 사람에게까지도 필수적인 인식론적 근거가 되었다. 다시 강조하면, 우리는 우리의 정신사에서 처음으로 우리에게 금기되었던 좌파의, 진보주의의, 마르크스적인 인식 체계를 우리 사유법의 한 요소로 끌어들이는 데 성공한 것이고 그것은 바로 80년대중에 이루어진 것이다.

III

마르크시즘의 수용 과정과 비슷한 양상을 우리는 우리 문학의 80년대적 진전 양상에서 발견할 수 있다. 그 양상은 두 측면으로 전개된다. 하나는 '한국 문학'의 영토 회복이라는 측면에서이며, 다른 하나는 6·25 혹은 분단 상황의 극복 의지라는 측면에서이다.

해방 후에 국민학교에 입학한 나와 내 이후의 세대에게 '현대

한국 문학'이란 당연히 남한의 문학을 가리켰고 해방 전의 문학에서도 월북한 작가들은 제외되었다. 홍명희로부터 유진오에 이르는 식민지 시대의 사회주의 작가들 작품은 읽을 수 없었고 그들에 대한 공정한 문학사적 기술을 볼 수가 없었으며 그래서 그들은 소문으로만 존재했다. 더구나 월북한 작가들의 해방 후 작품들에 대해서는 이름조차 들을 기회가 없었으며 해방 후 등장했을 작가들이란 아예 예상조차 할 수 없었다. 그것은 논리의 문제가 아니라 실제의 정황이었다. 북한 문학이란 부재의 것이었으며 한국 문학은 삼팔선과 휴전선 이남에서 생산된 것만이었다. 아니, 정직하게 말하면 이러한 반성적 의식조차 70년대 이전에 있었던 것이 아니라 80년대 후반에 비로소 생겨난 것이었다. 그런데 우리는 지금 『민중의 바다』니 『청춘송가』 같은 북한의 현대 소설과 시들을 볼 수 있게 되었고 그것들이 우리 한국 문학의 범주에 편입되기를 바라고 있는 것이다. 그러기까지의 과정은 역시 짧지만 급격한 것이었다.

80년대초만 해도 우리가 볼 수 있는 좌파의 문학서는 이념 도서들의 간행붐을 타고 우리에게 들어올 수 있었던 루카치와 브레히트 그리고 동구권의 사실주의 이론가들의 단편적인 글들이었다. 그러나 중반에 이르면, 사회주의 사실주의의 전범인 고리키의 『어머니』 등이 번역되고 그것들은 운동권의 필독 도서로 읽힌다. 이즈음, 일본의 조련계 작가들과 중국 연변의 교포 작가들의 작품들이 국내에서 간행되고 이와 병행하여 월북 작가들의 식민지 시대 작품들이 지하 출판물로 복간되어 유통되기 시작한다. 이 두 가지 작업은 한편으로는 해외에서라도 한국어로 쌔어진 작품이라면 한국의 문학으로 편입되어야 한다는 사실을 새삼스레 환기시켰으며 다른 한편으로는 제외시킴으로써 불구가 될 수밖에 없었던 해방 이전의 한국 문학사를 원래 형태로 복원시켜야 할 당위성을 제기했다. 그것은 영어로 쌔어진 김은국의 소설을 노벨 문학상 후보로 한국에서 천거하는 이상한 잘못을 반성케 하며, 『임꺽정』의 풍요한 토속어가 곧 한국어의 자산에서 가능한 것임을 깨닫게 하는 것이었다. 이로 인해 '한국 문학'의 개념에 대한 새로운 인식을 나는 새삼 가질 수 있었지만, 그러나 현대 북한 문학의 성과들을 보기 위해서는 많은 시간이 필요하리라고 예상했었다. 왜냐하면 정부가 이미 시중에서 통용되고 있는 월북 작가들의 복권을 인정하는 데 여전히 인색했으며 88년 여름 드디어 월북 작가들의 작품을 해금하는 획기적인 조처에도 홍명희 등 5명을 제외할 정도로 소극적이었기 때문이었다. 그러나, 나의 예상은 빗나갔다. 정부의 해금 조치가 발표된 지 석 달도 안 되어 나는 서점에서 『고추잠자리』를 발견했고 몇 주 후 『실천문학』에서 해방 후의 북한의 시와 소설을 읽었으며, 그리고 이어 여러 가지의 현대 북한 문학 책들을 살 수 있었다.

물론 우리는 이 정도로 한국 문학의 실체가 한국어로 쌔어진 모든 문학 작품을 포괄한다거나 우리에게 진정한 민족문학, 즉 한민족 전체가 참여하는 문학이 가능하게 되었다고 말하는 것은 아니다. 우리 문학이 정말 한 단위의 민족문학이 되기 위해서는, 분단을 해소하고 남북이 하나의 문학사로 통일되는 문학을 이루기 위해서는, 지금까지 노력해온 것의 아마 몇십 배의 작업이 있어야 할 것이며 그것들을 정치적·경제적·사회적·문화적 통일에의 노력들과 함께하는 작업들일 것이다. 그러나 불과 5년 미만에 이만한 정도의 문학적 통일을 위한 성과들이 얻어질 수 있다면 반드시 비관할 일만도 아닐 것이다. 우리는 무엇보다도 한국 문학이 남한만의 문학이 아니라는 사실을 분명하게 확인했으며 그런 만큼 우리 문학의 본래 영역을 회복할 가능성을 획득하게 되었고, 한국 문학의 양적 지평 확대의 계기가 열리게 된 것이다. 물론 우리는 한국 민족 문학사를 재구성하고 새로 써야 할 것이며 그런 일이 이루어진 후에야 한국 문학사의 실체가 확립될 것이다. 80년대는 그럴 계기를 잡아주고 그 같은 변혁적 인식을 심어주었다.

분단 상황의 극복 의지란 측면은 80년대 후반의 한 줄기 문학적 성과로서의 빨치산 소설에서 그 모습을 훑어볼 수 있다. 우리 현대 문학에서 가장 많고 가장 중요한 주제로 채택되어온 것이 6·25 혹은 분단 문학이다. 이들의 소설 작품에서 빨치산이 어떤 시각으로 등장하는가를 살펴보면 매우 흥미로운 결론이 도출된다. 가령 50년대 황순원의 「학」에서 인민군과 국군의 조우가 이루어지지만 그 만남은 옛 친구의 인간적 만남으로 그친다. 이 시기의 소설들에서 뚜렷한 현상으로 묘사되지 않는 인민군이나 빨치산은 그나마 적이 아닌 순수한 인간으로 환원될 수 있는 존재이었으며 인격성을 갖춘 구체적이며 사회적 존재로서의 인간이 아니었다. 60년대의 김승옥·이청준의 소설들에서 빨치산의 두려운 존재가 나타나지만 그러나 그들은 소설에서 실물로서가 아니라 소문과 회상으로 출현한다. 빨치산의 이러한 등장은 70년대초의 윤흥길의 「장마」에서 조금 더 구체적인 모습을 갖기는 하지만 크게 변하는 것은 아니다. 그러나 그 시기의 단편에서 자상하고 지혜로운 인간으로서의 아버지 빨치산의 모습을 그렸던 김원일은 그 후반의 장편 『노을』에서 진영의 빨치산 소요의 선봉으로 주인공의 아버지를 드러낸다. 그리고 80년대초의 총체소설 『불의 제전』에서 정부 수립 직전의 사회상을 재현하면서 빨치산의 활동을 중요한 테마로 부각시키고 있다. 그의 이 같은 작업은 더욱 진전되어 80년대 후반 장편 『겨울 골짜기』에서 지리산의 거창 사건을 기록하면서 빨치산으로 입산하여 활동하는 동생과 진압군에게 시달리는 형의 고난에 찬 삶을 기술한다. 이 작품과 비슷한 때 시작하여 방대한 10권의 대하소설로 여순 사건을 추적한 조정래의 『태백산맥』은 아예 빨치산들의 활동과 사상과 삶에 시선을 집중시키고 있다. 그리고 드디어 우리는 실제로 빨치산으로 입산하여 투쟁하다 살아남은 이태의 생생한 기록 『남부군』을 읽을 수 있게 된다.

이처럼 빨치산이 현재의 시점으로 다가오면서 소설 속에서 중요하고 구체적인 인간들로 묘사되고 있는 현상의 의미는 매우 괄목할 여러 점을 동시에 시사한다. 우선 빨치산은 우리가 공적인 교육을 통해 공산군에 대해 가진 것과 마찬가지의 뿔 달린 괴물이 아니라 우리와 똑같은 인정과 감정을 가진 인간들이란 아주 초보적인 그러나 극히 중요한 이미지를 그것은 회복시켜준다. 보다 중요한 것은 그들이 해방과 정부 수립 후의 농지 개혁에 실패하는 등의 사회 경제적 모순에 저항하여 총을 들었으며 보다 인간다운 사회를 만들겠다는 아름다운 이념과 이상을 가진 사람들이란 평가를 이 소설들은 드러내주고 있다. 우리의 인식론적 측면에서 이러한 빨치산상은 획기적인 것이며 그것은 반공주의의 세례 속에서 이 체제 중심주의적 사고로 굳어온 우리의 심성에 충격적인 변화를 제기한다. 이 인식상의 변화는 우리에게 두 가지 진전된 의식을 키워줄 것이다. 하나는 우리의 역사가 기왕의 반공주의적인 시각으로 구성된 것의 편향성에서 벗어나야 한다는 자각이며, 다른 하나는 북한의 공산주의적 인간형에 대한 이해가 용이해진다는 점이다. 이 자각은 사회과학에서 우리 현대사의 편성에 전면적인 수정이 시도되고 있다는 것과 보조를 같이하는 것이며, 이해의 용이성은 40여 년의 단절로 언어도 달라지고 그 생각과 삶의 모습이 낯설어진 북한 사람들이 묘사되고 있는 북한의 문학들을 받아들이는 데 능동적으로 기여하면서 북의 실상에 친근감을 느끼게 할 것이다. 그것들은 남북의 단절이 영구화하며 그래서 화해를 기대할 수 없었던 우리에게 그렇게 되지 않을 수 있다는 전망의 변화를 유도할 것이다. 이 전망은, 우리에게 정보 획득의 측면으로나 작가적 상상력의 한계 때문에 북의 실상을 직접 문학 속에 그려넣는 현재로서는 불가능한 작업이 언젠가는 북의 실상과 그 체제의 이념에 대한 인식의 변화와 더불어 이루어질 수도 있으리라는 희망을 불어넣어 주면서 작가 의식의 엄청난 확대를 기대하게 한다.

IV

나는 마르크시즘의 한국적 수용 과정과 문학에서의 한국 문학의 영토 회복 및 분단 해소 작업의 진전 과정을 상식적이면서도 거칠게 요약해보았다. 나의 의도는 그 과정들의 정확한 기술보다는 그 결과로서 나타난 우리의 의식상의 변화가 가지는 획기적인 중요성을 강조하는 데 있을 뿐이다. 사실 돌이켜볼수록 이 변화는 아무리 강조해도 결코 지나칠 수 없는 것이다. 이 변화들은 '남한'적 시각으로 현실과 역사와 인간을 해석하고 평가하던 가치 체계 전반에 수정을 가하였으며, 서구적 특히 미국적 관점에 학문적 태도와 사유의 전개 기반을 두어왔던 우리의 인식 구조의 편향성을 깨뜨렸고, 동지가 아니면 적이라는 흑백논리로써 북한과 공산권을 대해오던 우리의 소박한 관념을 해체하였으며, 서구 부르주아 체계 속에서 형성된 가치 체계만을 절대적인 것으로 받아들여오던 우리의 의식에 그것들은 다만 상대적인 체계에 불과하다는 사실을 깨닫게 해주었다. 이 일련의 깨달음과 바뀜과 고쳐짐은 우리의 정신사에서 처음으로 금기가 없는 사고의 자유로움, 한계에 막히지 않은 인식의 열림, 상반되기까지 한 많은 대안들에서의 억압감 없는 선택이 가능해졌다는 것을 뜻한다. 우리의 역사가, 특히 해방 이후의 현대사가 운명적으로 수락해야 했던 정신의 불구성과 의식의 편향성, 사고의 흑백논리와 선택의 편협성을 이 80년대는 비로소 극복할 단초를 마련해준 것이다.

이 가능성에 다다르기까지의 고통스럽고도 집요한, 갖가지 희생을 감수하면서도 새로운 인식으로의 지평 확대란 지극히 어려운 작업을 수행해온 많은 사람들의 강경한 의지에 대한 찬사는 여기서 굳이 진열하지 않겠다. 다만, 이러한 10년에 걸친 고난의 과정이 출판계를 중심으로 젊은 세대의 추동력에 의지해 진행된 의미에 대해서는 더 주목해야겠다. 단행본의 새로운 출판인들이 없었더라면, 그리고 항상 새롭고 학구적인 반체제적 젊은 지식인 집단들이 없었더라면, 우리가 80년대의 가장 소중한 업적으로 평가하는 인식의 전환이란 성과는 감히 기대할 수 없었거나 그만큼 늦어졌을 것이다.

의식 전환의 작업이 단행본 출판 활동을 통해 진행되었다는 사실은 이미 앞에서 마르크시즘의 한국적 수용 과정에서 비춘 바가 있다. 그러나 다른 대중 매체, 가령 신문이나 잡지에서가 아닌, 정보 전달 속도에서 가장 느리고 전파의 폭이 가장 제한적인 하필 단행본에서인가, 진리 탐구와 의식 교육의 본산인 대학이 아니라 자본주의적 상업주의 논리에 매어 있는 하필 출판사인가의 문제에 대한 검토는 80년대적 현상을 의식 전환의 실제 구조와 연결시켜 설명하는 중요한 단서가 될 것이다. 그것은 80년대가 철저한 지적 폐쇄 정책을 가해왔다는 사실을 우선 상기시켜준다. 제5공화국의 군사 정권은 자신들의 부도덕한 권력 장악을 호도하면서 비판 세력을 제거하기 위하여 신문과 방송을 통폐합했고 유력한 잡지들을 폐간하였으며 많은 교수·언론인들을 축출했다. 따라서 공적인 체제내에서는 반정부적 비판 요소들이 제거되었고 살아남을 수 있었던 제도권의 발언 기관들은 무기력 상태로 빠질 수밖에 없었다. 출판은, 그것이 가장 영세하고 간접적이며 까다로운 매체이기 때문에, 그리고 산개되고 파편적인 존재였기 때문에 권력의 손아귀로부터 새어나올 수 있었고 출판의 사회적·문화적 기능을 보존할 수 있었다. 더구나 70년대 중반 이후 언론계와 대학으로부터 축출된 지식 집단들이 그들의 전문성과 직결되는 출판계에 뛰어들어 출판의 역할에 대한 광범한 변화를 재촉했다. 이를 억제하기 위한 정부의 금서 정책은 오히려 지하 출판을 활성화시켰고 그들의 탄압이 이념 도서들의 도덕적 정당성을 부여하면서 새로운 이념적 의식화와 변혁의 의지 및 그 논리를 강화시켜주었다. 제도권의 교육과 출판은 그래서 지하 운동의 의식화 및 출판 활동과 날카롭게 분리되고 체제 내적 인식은 체제 내적이란 이유 자체로 불신당하게 된다. 그것은 결과적으로 우리의 의식 구조 전반을 양분화하면서 진보적 혹은 변혁적 주장들이 특히 젊은 세대에 압도적인 영향을 발휘하게끔 한다. 변혁 운동의 주체들과 그들의 지지자들이 대부분 유신 체제 속에서 성장하고 교육받은 세대들이라는 점이 여기서 주목되어야 한다. 우리의 많은 세대들 중에서 가장 풍요하고 평화롭게 자라난 세대들이, 그리고 가장 철저한 체제 순응주의의 교육을 받은 세대들이 왜, 어떻게 해서 자기들이 받은 수혜에 대해 가장 비판적이며 사고 유형에 대해 부정적인 태도를 취하게 되었는가는 매우 흥미롭고 중요한 문제일 것이다. 나로서는 그들이 빈곤을 경험하지 않았기 때문에 부에 대한 콤플렉스가 없었고 그래서 경제적 획득이 주는 억압감으로부터 벗어나 자유로울 수 있고 그 해방감은 의식화한 젊은이들에게 사회적 정의와 평등의 실현이라는 이념적 진보주의를 지향토록 만들었으리라는 것; 이 세대는 또한 6·25의 미체험 세대로서 전쟁이나 적대국에 대한 공포감을 가질 이유가 없었고 그래서 실감 없이 교육되는 반공 교육에 오히려 자유롭게 반발할 수 있었으며 개방적인 태도로 우리 사회와 체계의 진로에 대한 다양한 대안을 검토할 수 있었고 또 그럴 수 있을 만큼 이념 체계에서의 억압감 없는 모색이 가능했다는 점; 이 시기에 가능했던 기술의 개발과 실용화는 합리주의적 사고법을 키워주었으며 그것은 그들을 기능주의와 탈명분주의로 대부분 유도하겠지만, 그러나 강요되는 억압에 대해서는 당연히 저항할 권리를 확인하고 주장하며 실천하게 하리라는 점 등으로 그 이유를 생각해본 적이 있다. 어떻든 이 새로운 세대들은 기성 세대의 경험의 논리를 거부할 권리를 충분히 가지고 있었고 자신들이 발견하고 이해하고 수용한 논리에 의거해 자신들의 사유와 인식을 전개할 의무를 가지고 있었으며 자기 삶의 태도와 진로를 스스로 결정할 자격을 가지고 있었다. 그들은 그 때문에 자신들의 아버지 세대와 날카롭게 대립하고 착잡한 갈등을 일으켰으며 그래서 우리 역사의 그 어느 때 못지않은 세대간의 마찰과 단절을 경험하고 있지만, 변화한 시대와 역사 속에서 그들의 양보를 강요한다는 것은 아마도 기성 세대의 지나친 기대였을 것이다.

나는 여기서 젊은 세대의 주장들은 모두 합당한 것이며 새로운 인식 체계는 유보 없이 옳다고 말하는 것은 아니다. 기성 세대의 한중간에 위치한 나로서는 굳이 나의 실제 경험의 논리가 주는 현실성을 부인하지 못하며 보수적 인문주의 교육으로 굳어진 심성 때문에 새로운 사회과학적 인식 체계가 지닐 한계에 대해서도 도외시하지 못한다. 아마도 그래서 80년대의 진보적 혹은 급진적 이념들과, 그것의 인식틀에 의해 이루어지는 실제화 영역에서의 내 나름의 문제 제기가 나타나는지도 모르겠다. 그 내용에서가 아니라 태도와 방법론에서 내게 생각키우는 질문들은 가령 이렇다: 새로운 이념의 정당성을 주장하기 위해 기존 이념 체계를 전단적으로 부정하는 것은 논리적으로나 실제에 있어 가능한가, 그것은 우리의 기왕의 사고 구조의 결정적 취약점이었던 흑백논리의 또 하나의 예가 되는 것은 아닐까; 새로운 이념의 실제화 과정이 이론을 위한 이론으로 경도되어 현실 세계의 객관적 사실은 부인되는 것이 아닌가, 그것은 실제의 사회 변화를 무시함으로써 정권과 이념의 고착화를 고집한 기왕의 보수적 지배 세력의 자세와 얼마나 다를 수 있는가; 제도권과 비제도권, 기성 세대와 새로운 세대간의 갈등을 심화하면서도 도덕성으로 그 갈등을 강조할 때, 새로운 이념과 인식틀은 어느 만큼 그 보편성과 실효성을 확보할 수 있는가, 그것은 반정부적인 것을 반체제적인 것으로 의도적인 조작을 가하던 전시대의 태도와 얼마나 멀 것인가; '남한적' 혹은 '미국적' 시각으로부터의 벗어남이 그것들의 전면적 부인으로 도달하고 반남한적·반미국적 관점만이 올바른 것으로 받아들여진다면 그것은 또 하나의 편향성의 표현이 아닐까; 아주 급진적인 경우에 대해서이겠지만, 동구권에서 이미 비판받고 벗어나고 있는 30년대적 혹은 냉전 시대적 이념 모델을 지금 한국의 변혁 모델로 모색하여 또는 19세기적 관념으로 현대 산업 사회의 구조를 해명하려는 접근법은 시대착오적이며 비생산적인 것은 아닌가 등등. 이 질문들은 고리타분한 보수주의적 세대의 게으름이 만들어낸 무책임한 인상 비평에서 온 것일지도 모르며 보다 진지한 탐색과 더욱 세련된 분석이 자유롭게 이루어질 때 어렵잖이 해소될 수 있는 질문일지도 모른다. 더구나 이 새로운 인식론들의 의식이 새로운 지평을 여는 데 불가피한 전략으로 이해되기도 한다. 어떻든 나의 이러한 개인적 회의는, 무시되기를 바라는 것은 아니지만, 적어도 새로운 이념과 그것이 기초한 새로운 인식틀의 의미에 비하면 사소한 것이며, 경시될 수 있는 것일 것이다.

V

나는 80년대의 이와 같은 인식상의 변화를 일종의 패러다임의 전환이 아닐까라고 생각해본 적이 있다. 거듭 말하지만, 우리가 지난 10년 동안에 경험한 의식상의, 그리고 사고법에서의, 나아가 이념상의 변화는 우리의 정신사에 있어 가장 급진적이고 개방적이며 역동적이다. 물론 그 변화의 실제가 충분히 자유스러운 것도 아니며 그 폭이 전반적인 것도 아니고, 그 새로운 것 모두가 납득할 만큼 설득력을 가졌거나 세련된 것도 아니다. 오히려 그것들은 보다 강한 갈등들에 시달리며 새로운 보수주의적 반동에 억압당하고 있고, 특히 80년대의 마지막 해인 올해에는 지배 세력의 공안 정국 유도로 위협받고 있으며, 중산층의 우경화와 동구의 페레스트로이카의 추세 속에서 진보주의적 사고들은 더욱 외로워지고 있다. 그런 가운데에서 이 이념들과 인식들은 자신의 논리들을 확산하고 심화하며 적용하고 정치화(精緻化)시키며 연계하고 일관화하며 논쟁하고 통합하는 작업을 계속해야 할 것이다.

나는 앞서 피력한 내 개인적인 회의에도 불구하고 우리의 80년대가 생산해낸 이 같은 정신사적 업적들이 보다 강화되고 확산되기를 바란다. 그렇게 되어야 할 이유는 여러 측면에서 제기될 수 있다: 그 지향과 전략과 태도는 여하간에, 80년대의 진보적 인식들은 우리 정신사에 비로소 침입한 새로운 체계들이며, 그것들이 전날의 기성 이념 체계들과 어울릴 때 우리는 처음으로 다양한 의식의 편차와 온전한 지적 지평을 획득할 수 있게 된다. 이것은 지금은 못 갖춘 인식의 균형, 도덕성이나 명분에서가 아니라 현실적 유효성에서의 이념적·지향적 선택을 가능하게 할 것이다; 또한 보수주의를 지지하는 입장에서 보자면 진보주의의 진전과 세련 없이 진정한 보수주의도 자기 존재성을 확보할 수 없다. 그것이 우리의 정신사에서 참뜻을 가진 보수주의가 존재할 수 없었던 원인이 된다. 어떤 이념도, 그것과 대결하는 이념 체계와의 긴장된 관계를 형성할 때, 발전되고 의미를 가지며 현실적 대안의 기능을 발휘할 수 있기 때문이다; 우리의 현실이 유난히 많이 가지고 있는 모순과 비리, 나쁜 형태의 자본주의 사회의 부정적 구조들을 수정하고 개혁하는 데 사회주의의 실천적인 제안들과 주장들은 극히 적극적인 역할을 감당할 것이다. 아직은 현실 정치의 영역에서 미약한 수준에 불과해 사회주의 정당의 출현, 더욱이 그것의 정권 장악은 요원하게 보인다. 그러나 혁신 정당이 집권할 수 있다면 더욱 그렇겠지만 그 단계에 이르지 못한다 하더라도 그것의 주장은 보수 정당들에 영향을 주고 정부 정책에 반영될 수 있다. 토지 공개념으로부터 노동 정책에서 우리는 현재 그 예를 발견한다; 새로운 이념이 가능하게끔 되는 근거로서의 새로운 인식틀의 형성은 우리의 기왕의 지적 체계에 충격을 가하고 그것들의 전반적 개편을 수행케 한다. 이미 그 작업은 괄목할 수준으로 확대되고 또 인정되고 있지만, 그러나 아직 충분한 것은 아니다. 보수적·우편향적인 관점으로부터의 탈출과 함께 이 인식틀은 보다 실증적이고 보편적이며 세련된 성과를 생산해야 할 것이며 그러기 위해 이것의 학술적 작업은 더욱 객관적이고 냉철해지기를 요구하며 그것이 이 인식틀의 강화를 요청한다. 이럴 때 우리의 학문 전반도 보다 역동적이고 전진적이며 실천적으로 성장할 것이다.

이러한 이유들은 우리의 90년대가 우리가 소망하는 바대로 구상되고 실현되기를 바랄 때 더욱 강조될 것이다. 20세기의 마지막 10년대를 성공적인 연대로 구성하기 위해 지난 10년대가 우리에게 마련해준 자질은 막대한 비중을 가질 것이다. 21세기로 넘어가기 전에 우리는, 우리의 경제 성장을 어떻게 더욱 가속화시키며 그 성장을 잘 관리할 수 있는가의 문제; 정치적 민주화를 정착시키면서 분배의 정의와 평등의 이념을 성취하고 공동체 운영의 사회적 원리를 확립하는 문제; 분단을 해소하고 남북의 통일을 성취함으로써 민족적 정통성을 회복하는 문제; 삶의 결을 높이고 자본주의의 근원적 퇴폐성으로서의 인간의 사물화 가치관을 극복하는 문제 등등에 대한 이념적·정책적·실천적 작업을 추구해야 한다. 그리고 이 모든 문제들은 진보주의적 이념들과 그것의 실재화를 위한 새로운 분석틀의 개입 없이는 결코 정당하게 해결될 수 있는 것들이 아니다. 더욱이 이러한 분석들과 이념들의 구성은 인식의 변화와 다양한 대안들의 자유로운 검토와 선택 없이는 불가능하다. 80년대는 바로 이러한 사회적 변혁의 가능성을 마련하는 데 기여한 것이다. 어떻든 우리는 극우로부터 극좌에 이르기까지, 반동적 보수주의로부터 체제 변혁적 진보주의에 이르기까지 다양한 이념적 편차와 다각적인 전략적 대안을 앞에 두고 있으며 그것들을 자유로이 검토하고 선택할 가능성을 갖게 된 것이다.

그러나 다시 강조하건대, 나는 그것을 '가능성'으로밖에 표현할 수가 없다. 그것이 실재화되어 있지 않았기 때문이며, 우리의 미래에 그것의 실현 여부가 매어 있는 까닭이다. 그 책임은 기성의 보수주의자들에게도 있는 만큼의 크기로 우리의 젊은 의식들에도 있고, 새로운 인식과 이념의 구축자들에게 지우는 부담만큼의 무게를 오늘의 주도적인 집단에도 지워주어야 할 것이다. 이렇게 본다면, 80년대가 우리의 정신사에, 나아가 우리의 역사에 어떤 위치를 차지할 것인가는 80년대 스스로 결정하기보다는 아마도 90년대라는 미래의 역사에 의해 결정될지도 모른다. 앞으로의 역사가 선택하고 실천하는 그 성과에 따라 우리의 80년대의 의미가 가늠되리라는 것이다. 그것이 80년대가 갖는 역사적 위상의 독특성이며 이 시대가 만들어놓은 가능성의 미래 지향적 성격을 이룰 것이다. 〔1989. 겨울〕

미래 전망을 위하여

I

이 글을 자유로운 수필 형식으로 쓰는 데에 대한 궁색한 변명부터 우선 시작해야겠다. 『우리 시대의 문학』편집 동인들이 나에게 청탁한 원고의 제목은 '사회적 전망 모색의 양상들' ── 좀 모호하지만 매우 중요한 이 주제는 물론 나로서는 감히 감당할 수 없는 것이었다. 뛰어난 사상가·학자 들이 숱하게 탐구하고 제시해온, 그러나 여전히 더 많은 검토와 탐색을 요구하는 이 문제를, 초라한, 게다가 사회과학의 지식도 태무하다시피 한 내가 다시 도전한다는 것은 한갓 만용에 불과할 것이기 때문이다. 물론 편집 동인들이 내게 독창적이고 거창한 의견과 전망을 기대한 것은 아니겠지만, 오늘의 우리 풍토에서도 다기하고 활발하게 제기되는 이 방면의 논의들을 내가 정리 정도라도 해본다는 것은 역시 무리일 수밖에 없는 일이다. 이런 느낌은 마감이 박두할수록 더욱 심해져왔는데, 그래서 내가 나 자신과 청탁인들에게 양해를 구할 수밖에 없는 길이, 특별히 구애받지 않고 생각되는 대로 적어나가는 수필체로써 내 자신의 의견을 소박하게 밝혀본다는 것이었다. 이렇게 함으로써 내가 얻어낼 수 있는 이점은, 내 스스로 체계적인 글의 틀을 만든다거나 그에 대한 책임을 져야 한다는 짐으로부터 벗어나, 상식적이고 피상적일 수 있는 나의 글과 생각을 자유롭게 풀어둔다는 점, 그리고 여기서 내가 개진할 내용들은 물론 나 자신의 것이며 『우리 시대의 문학』 동인들이나 그 밖의 다른 사람들의 뜻을 대변한다거나 동의를 얻는다는 것과 같은 연루의 성격을 미리부터 제거한다는 점이다. 다시 말하지만, 이 글에서 제기될지도 모를 비판과 힐책은 전적으로, 그리고 순수하게, 나 혼자만에 귀속되어야 할 것이다.

여러 점에서 무리일 수밖에 없는 이 글을, 어떻든 내가 써보겠다고 작정한 것은 우리 사회가 지향해야 할 체제 선택에 대해서 지난 몇 해 동안 고민해온 그 억압감으로부터 나 자신을 풀어놓고 싶다는 욕망 때문이다. 70년대말로부터 80년대초에 연이어진 극적인 사태들과 긴장·기대·좌절·감수의 착잡한 흥분 상태를 겪은 이후, 나는 나름대로 민중—민중 운동—민중문학의 일련의 80년대적 주제에 어떤 태도를 취해야 할 것인가로 고심해왔다. 그 문제는, 비록 내 자신의 구체적인 공부는 거의 따르지 못했다 할지라도, 우리의 현대사, 특히 사회사와 정신사의 구조에 대한 반성을 요구했고 현재의 상황에 대한 의식을 새로이 그리고 더 깊이 해야 할 것을 유도했으며, 그러는 가운데 계급—계층(혹은 계급/계층), 민중—시민(혹은 민중/시민), 문학—운동

(혹은 문학/운동), 진보-보수(혹은 진보/보수)와 같은 연계 또는 대립적인 관념과 인식의 틀을 어떻게 처리해야 할 것인가의 문제에 부닥치기도 했다. 이러는 동안 몇 편의 글을 통해, 한편으로는 내 생각이 막힌 곳에서 해결의 자문을 구하기도 하고 다른 한편 그곳에 이르기까지의 탐색의 결과를 보고하기도 하며 내 생각을 진행시켜보았다. 이 진행 과정중에, 나는 되도록이면 어떤 쪽으로부터든 선입견의 간섭을 벗어나 객관적이고 공정하게 저울질해보려고 노력했으며, 보수적이고 기성 관념에 서 있는 사람들 앞에서는 민중-민중문학 등의 급진적인 주장들이 지닌 의미가 막중하다는 주장을 강조했고 반대로 젊은 급진주의자들에게는 그것이 품고 있을 취약 부분을 지적하는 데 주저하지 않았다. 이러한 나의 태도는 정직하게 말해 편리한 절충주의라기보다는 내 자신의 문제로 다가와 있는 새로운 주창들에 대해 가급적 공정해지기 위한 것이었다. 그럼에도 여전히 천박할 수밖에 없는, 사회-체제에 대한 전망의 주제에 관한 내 생각을 지금 드러내보겠다는 것은, 내게 잠정적일지라도 어떤 결론이 내려져서임은 물론 아니며 그 버거운 짐을 그만 팽개치겠다는 뜻도 아니다. 다만 나는, 민중이든 체제든 일련의 이 문제들에 대해 심리적 억압감 없이 상대해보겠다는 생각일 뿐이다. 아마도 내가 이렇게 말해야 할 만큼, 나는 그 용어들이 내게 가해온 콤플렉스에 민감해 있었던 것 같고 이제쯤에야 비로소, 어떤 선입견이나 자의식 혹은 억압감 없이 이 주제를 대할 수 있도록 함으

로써 내가 자유롭게 사고하고 질문하며 혹은 표명할 수 있으리라는 사실을 깨닫게 된 듯싶다.

내가 갖고 있는 이 콤플렉스는 우선 나 자신으로부터 연유된 것이다. 나의 부모는 일찍 이농해서 도시에서 자수 성가한, 어떻든 전형적인 구중산층의 보기이며, 나는 그 중산층의 틀에서 벗어나지 않으려 했을뿐더러 중산층적 삶의 유형을 안락하게 즐겨왔다는 점; 나의 성장기는 서구적인 문화·교육·기독교의 세례로 채색되었고 그것들의 인문주의와 교양주의가 나에게는 가장 좋은 가치 체계로 받아들여졌었다는 점; 그리고 이 두 가지 요소는 그것들이 마땅히 비판받아야 할 점들을 갖고 있고 그 비판을 나 스스로 수락하면서도 지금까지도 그것들이 지닌 어떤 장점들의 포기에는 동의하지 않고 있다는 점—이런 점들이 민중 문제를 처리하는 데 스스럼없지 않게 만든 것이다. 그러나 나의 콤플렉스에는 내 외부의, 정치적·사회적·지적 풍토에서도 비롯된 부분이 있다. 우리의 현대사의 상황은 급진적·좌파적 사상과 발언이 금기시되어왔고 그것은 선험적으로든 경험적으로든 우리의 인식과 표현의 한계적 구조로 작용해왔다. 이런 분위기 속에서 보수적이고 우파적인 가치 체계를 새삼 강조한다거나 편든다는 것은 공정한 것이 못 되었다. 급진적이고 과격한 주장들이 공적으로 탄압받고 일상 의식 차원에서까지 위험시당하는 터에, 비록 그 주장들이 정당성을 옳게 인정하는 위에서라 하더라도 그것들이 가질 수 있는 비판점을 공개적으로 비난한다는 것은 게임의 공정한 규칙상 잘못된 것이 아닐 수 없었다. 말하자면 우리의 풍토는 자유로운 토론을 벌일 수 있는 지적 개방성을 얻지 못하고 있었고 그것은 어떤 쪽으로든 나의 지지와 반대를 자유롭지 못하게 만든 것이다.

나는 지금 내 자신이 특정 계급 의식으로부터 벗어나 있다거나 우리의 모색과 토론이 공정한 게임 규칙을 준행할 수 있도록 개선되었다고 말하거나 생각하는 것이 아니다. 더 나빠지지 않았을는지는 모르지만 더 좋아진 것도 없다는 것이 나의, 그리고 우리의 현실일 것이다. 그러나, 중산층과 그들의 삶과 의식이 많은 비판을 받아온 것이 사실이라면 그것이 가질 수 있는 가능성에 대해서도 한번쯤 유의해보는 것이 공정할 것이며, 급진적 주장들이 '장내'에서는 탄압받지만, '장외'에서는 보수적 혹은 수정주의적 사고 체계가 자유롭지 못하도록 억압당하는 분위기도 부인할 수 없는 만큼, 그에 맞서보는 것도 일고의 여지가 생길 것이다. 요컨대, 논리 외적 상황이 가해오는 이런저런 억압감으로부터 벗어날 수 있을 때 소박하고 상투적인 것이나마 내 생각과 태도를 자유롭게 궁글릴 수 있으리라는 것이며 그것이 우리의 전망 모색과 이견들의 토의에 도움이 될 수 있으리라는 것이다. 내가 한 글에서, "변화와 변혁이 두렵기 때문에 현실 고수와 체제 순응을 수락해서도 안 되지만, 타락된 체계에 대한 증오가 격렬하고 이상 사회를 향한 꿈이 정열적이라 해서 이념의 실제에 대한 판단과, 사회와 인간 혹은 역사와 미래에 대한 정확한 인식을 포기해서도 안 된다"(「민중문학론의 실천적 과제」, 『들린 시대의 문학』, 문학과지성사, 1985, p. 162)고 쓴 바의 바닥에는 이러한 내 생각이 깔려 있었을 것이다. 실제로 우리는 너무나 귀익게 들어온 일련의 금기 체계 때문에 그것에 대한 이의를 제기하는 데 용기가 필요하기도 하며, 또 너무나 온당한 비판 세력의 윤리적 설득력 때문에 그것에 숨어 있는 빈칸을 지적하는 데에 머뭇거려온 것도 사실이다. 이 두 가지가 모두 폭력적으로 우리의 내면을 억압한다면 그것은 분명, 어느 쪽으로든간에 우리의 이상 추구를 수행하는 실천적 과제에 충실하지 못하게 할 것이다. 우리가 정말 '사회적 전망 모색'을 추구하려 한다면 아마도 그 선행 조건으로서 사고와 진술의 자유로움을 다 같이 인정하며 어떤 억압감으로부터 우리를 풀어놓는 일이 이루어져야 할 것이다. 그리고 그것은 지금껏 숱하게 반복해온, 그래서 새삼 덧붙일 것이 별로 없는 제도권내의 기성 지배 체제에 우선 해당될 일이지만, 이 체제에 도전하는 비판적 세력들의 언어-사유 방식에도 마찬가지로 적용되어야 할 것이다.

II

'미래 전망'이란 말을 들을 때 내게 얼핏 먼저 생각나는 것이 문학에 관한 한, 70년대와 80년대의 표현 방식이 현격하게 달라지고 있다는 점에 대해서이다. 가령, 이청준의 경우, 『당신들의 천국』에서 그것은 '자유와 사랑의 실천적 화해'로, 산업 사회에서의 노동자들의 삶을 그려낸 조세희의 『난장이가 쏘아올린 작은 공』에서는 '사랑'으로, 그리고 민중문학론을 적극적으로 전개한 황석영의 대하 역사소설 『장길산』에서는 '용화 세계'로 요약되고 있다. 그러나 80년대의 그것은 백낙청이 압축한 바, "분단 극복이라는 '민족적' 과제와 다수 국민의 인간 해방이라는 '민중적' 과제"(「민중·민족문학의 새 단계」, 『창작과비평』 57호, 1985, p. 8)라는 말로 수렴시킬 수 있는 것들이다. 이 두 표현은 앞의 것이 관념적이고 원리적이며 그래서 이 지상의 삶에서는 완전히 성취되기가 불가능하게 보이는 이상주의적 색채가 뚜렷하게 나타나지만, 뒤의 것은 구체적이고 실천적이며 그리고 우리가 현명하게 노력하면 가능한, 현실적 목표의 성격을 갖는다는 점에서 서로 다르다. 같은 문학의 영역 안에서 미래 전망에 대한 표현법이 이렇게 달라질 수 있는 것은 무엇 때문이며 그 의미는 무엇일까. 그리고 그러한 표현의 위상적 차이를, 연계 혹은 진화로 볼 수 있을 것인가, 단절 또는 대치로 해석해야 할 것인가. 이 물음에 대한 대답은 결코 순탄치 않을 것이며, 접근의 길에 따라 상이한 해석과 의미 부여는 얼마든지 열려 있을 것 같다. 그것은 문학적 논의와 기능으로부터 현실 인식에 이르기까지 폭넓은 편차 속에서 이해되어야 할 것이기 때문이다. 다만 나는 여기서 이 질문을 이해하는 기본 시각으로서 현실 세계, 즉 경제적·사회적·문화적 실제 영역의 변화와 그와 함께 더불어 바뀌어온 인식의 태도 및 방법의 변모를 지적하고 싶다.

1) 거듭 강조할 필요 없이 우리의 사회-경제-문화는 70년대를 계기로 하여 거대한 변화를 체험했다. 나는 그 변화의 진폭과 시간의 단기성 때문에 그것이 거의 단절적 혹은 단층적 양상을 보이는 것이 아닌가 생각한다. 예컨대, 농촌과 농업 인구 대 도시와 도시 인구의 구성 비율은 사반세기 동안에 역전되었으며 구중산층과 농촌 빈민이 신중산층과 도시 빈민으로 이동했고 그러면서 전통적인 취락 구조적 생활에서 이익 사회 구조적 생활로 전환해간 사회적 변화와; 전산업화적인 농업 경제에서 공업 경제로 근대화되어 소비·경공업 구조로부터 다시 내구·중공업 산업 구조로 진전되었으며 전반적이고 만성적인 빈궁 상태에서 절대 빈곤을 벗어나고 국제 수지가 무상 원조로부터 차관 경제-적자 경제를 거쳐 드디어 정부가 자랑하듯이 흑자·자립의 단계로 오르게 되었다는 경제 구조의 변모; 그리고 대중 사회의 형성과 더불어 대중 문화의 번창과 전파·전자 문명의 도입, 생활의 편의화와 여가의 증가, 소비의 확대 등 문화적 삶의 변질 등이 이루어져, 우리는 불과 한 세대 전에는 예상할 수 없었던 전혀 새로운 국면에 맞닥뜨리게 된 것이다. 이 새로운 국면의 전개 자체를 낙관적으로 수용하는 사람들이라 할지라도 결코 부인할 수 없는 부정적 양상들이 이 변화와 더불어 발생 또는 축적되어왔음은 주지의 사실이다. 그것은, 남북간의 분단 상태를 개선하려는 공적인 노력이 별로 없거나 있었다 하더라도 이렇다 할 성과를 얻지 못함으로써 대치 체제가 고착화될 우려가 있으며

통일 민족으로서의 정체성 회복이 더 멀어졌다는 점; 정치적 전개 양상은 유신 체제를 통해 그 폐쇄성·독재성·강제성이 커졌으며 그것이 붕괴된 이후에도 근본적인 진전은 별로 이루어지지 않았고 근래의 민주화로의 움직임도 지지부진하며 더욱이 중간 집단의 기능 회복과 국민의 기본권 신장에는 별다른 효과가 없었다는 정치적 후진성이 여전히 우리를 억압하고 있다는 점; 대기업과 수출 산업의 편중과 과중한 외채 부담, 그리고 근로자와 농민들의 희생과 억압으로부터 만들어낸 부가 편재되고 계층간의 격차가 심화되며 불균형·불균등적 구조가 강화되었다는 점; 하층민들의 상대적 빈곤감이 커지고 그들의 작업·생활 조건에 대한 개선이 이루어지지 못했으며 복지·후생 정책에서 이들의 순위가 하위로 밀쳐지고 있다는 점; 중산층의 인구와 역할이 커지고 있지만 이들이 마땅히 지녀야 할 윤리적·정신적 가치 체계와 그 실행이 없이 소비적이고 퇴폐적인 방향으로 가속된다는 점 등등이다. 여기에 우리는 시간 개념을 도입할 수 있을 것이다. 이 새로운 국면에 도달하는 데 불과 반 세대밖에 걸리지 않은 변화 기간의 단기성은, 그 변화가 넓은 진폭과 상승 작용을 일으켜, 한편으로는 같은 사회에 같지 않은 이질적 요소와 현상들이 병존하게 만들며, 다른 한편으로는, 이 변화와 그 변화가 야기한 혼란·갈등·충돌·긴장을 흡수·극복할 수 있는 현실적·의식적 대응에 무력하게끔 이끈 것이다.

2) 현실 세계의 이 단층적 변모 양상은 당연히 신구 세대간의

단절적인 의식·심리 구조를 형성해놓는다. 아버지와 아들 혹은 형과 아우간의 불과 한 세대 미만의 연령 차이에도 양자간의 인식 사이에는 깊은 심연이 가로놓여 있고 그 지향은 거의 전환적인 것으로 보인다. 이 전환의 첫 측면은 빈곤 콤플렉스로부터 젊은 세대들이 벗어나 있다는 점이다. 이들의 부모가 굶주림 속에서 나날의 생계를 위해 싸움하며 성장기를 힘들게 보낸 것에 비해 이들은 궁핍과 따라서 근검 절약의 옥죄는 기분을 가질 것 없이, 비교적인 것이지만, 풍요 속에서 자란다. 물론 우리 인구 전체가 절대적 가난을 벗어난 것은 아니며 상대적 빈곤감은 더욱 커진 것이 사실이지만, 그러나 60년대에도 미만해 있던 기아와 절대적 결핍 상태를 벗어난 것은 분명하다. 이리해서 가능해진 빈곤 콤플렉스로부터의 탈출은 한편으로는 소비와 향락으로 더 재촉하는 길과, 다른 한편으로는 물질적 추구에 제일의적 목표를 두었던 가치 체계를 수정하는 길로 갈리겠지만, 어떻든 가난이 주는 억압으로부터 벗어난 심리 구조는 그들의 아버지 세대와 전혀 다른 인식과 태도를 조성할 것이다. 전환의 두번째 측면은 새로운 세대들이 6·25와 전쟁의 콤플렉스로부터 벗어나고 있다는 점이다. 현실적으로 남북의 무력 대치 상태가 지속되고 있는 학교·가정 교육으로부터 사회 교육에 이르기까지 반공 체제가 견고하게 유지되고 있지만, 전후에 태어난 이들은 근본적으로 전쟁과 적치와 공산당에 대한 실제적 체험이 전무하다. 그렇기 때문에 반공 교육은 실감 없는 과목으로 그냥 수락해버리든

깨뜨려버려야 할 허구로 밀쳐버리든, 관념적이며 비현실적인 것이 되고 의식의 앞면으로부터 후퇴하고 만다. 이 말은, 뒤집으면, 기성 세대에게는 위협적이고 적대적인 이데올로기나 체제가 이들에게는 그렇게 보이지 않을 수 있다는 것이다. 근래의 급진적인 좌경 이념이 20대의 젊은이들에게 두려움 없이 연구되고 표현되고 있음은 이러한 사정에서 가능한 것이다. 6·25 콤플렉스로부터의 벗어남은 그 비극과의 시차가 길어질수록 자연히 이루어질 수 있는 것이겠지만, 그것의 억압감의 해소가 이념과 체제에 대한 경험적 선입견 없이, 기성 세대가 보기에는 당돌한 사고와 심리 구조를 새로이 형성시키고 있음은 깊이 이해되어야 할 것이다. 젊은 세대가 부모 세대와는 달리 가난과 전쟁의 경험을 갖지 않았던 것에 더하여, 그들은 산업 사회 속의 삶의 존재라는 새로운 경험을 갖는다는 것이 세번째 측면이다. 이들은 말 그대로의 현대적인 세속 사회에서 도시와 공장, 대중과 이익 집단의 틀 안에서 성장하고 교육받으며 사회화된다. 그것은 농촌과 자연, 취락과 혈연 집단의 구조 속에서 전통을 존중하며 유교적 가치관과 명분론적 관계맺음 속에서 자랐던 부모 세대와는 판이한 태도와 지향과 내면 구조를 구성한다. 그리고 이들은 그냥 산업 사회만이 아니고 새로운 기술적 패러다임으로서의 전자 문명의 세례를 받고 있는 것이다. 그래서 이들은 기능적이고 합리주의적이며 변화에 대한 두려움은커녕 오히려 그것을 도전적으로 추구하는 모습을 보인다. 그러나 그럼에도 유신 체제의 경험과 지금까지도 계속되고 있는 ○×의 객관식 교육 때문에 흑백논리와 단순 사고 방식에 새로이 젖어버리게 된 부정적 현상도 지적되지 않으면 안 될 것이다.

빈곤 콤플렉스와 6·25 콤플렉스의 해소, 그리고 산업 사회의 성장기적 경험과 경직된 사고 방법 등의, 앞 세대와 판이한 이같은 심리-의식 구조의 형성은 급격한 변화를 진행시키고 있는 현실 세계에 대한 인식과 그것의 미래 지향에 대한 구상에서도 구세대와 현격한 변모를 드러내지 않을 수 없게 만든다. 그것은 우선, 우리 사회가 발전의 분배라는 측면에서 혜택을 받는 쪽과 그 혜택을 위해 희생당하는 쪽으로 양분된다는, 다시 말하면 정치-경제-문화에서의 피지배적 입장에 선 민중과 지배력을 행사하는 반민중으로 인구를 분간하는 시각으로 나타난다. 그리고 이 시각을 확대할 때 한국 또는 한반도와 한민족이 세계 권력 구조에서 희생당하는 민중적 위상에 놓여 있으며 특히 자본주의적 경제 역학 관계에서 중심부의 제국주의적 횡포에 피해와 억압을 받는 주변적·종속적 위치에 놓인다는 관점을 도출한다. 이것은 대내적으로는 민중의 실체로서 노동자-농민의 계급적 자각을 촉구하면서 대외적으로는 중심부로서의 미국과 일본·서구에 대한 비판적 인식과 제삼세계에와의 연대성을 고조시킨다. 다른 한편, 이념의 측면에서, 근대적 가치 체계로 제시된 자유와 평등의 주지를 실천할 것을 요구하게 되는데, 그 자유는 민주주의의 성취를 위한 노력으로 수행되고 평등은 자본가와 노동자간의 계급적 · 계층적 갈등을 지양하려는 의지로 발전한다. 더 나아가, 단위 국가로서의 민족주의의 실현이란 측면에 이르면, 우리의 현실적 · 이념적 억압 구조의 원인으로서뿐 아니라 민족적 정체성의 회복에 장애가 되는 여건으로서 분단 체제에 부닥치게 되고 그래서 통일 문제가 우리의 국제적 · 국내적 체제 개편에 가장 근원적이고 시급한 주제로 등장하게 된다.

우리의 문제성을 이렇게 조명할 때 근년에 가장 심각한 관심이 집중되는 진보 혹은 과격주의의 출현과 이데올로기적 대립, 이에 따른 학생들의 참여는 충분히 납득될 수 있는 것들이다. 이같은 일련의 진통을 둘러싸고 새로운 이념적 · 전망적 시각의 문제가 제기될 때 기성 세대와 새로운 세대간의 균열을 조장하는 것이 다음 몇가지 심리적 · 인식론적 측면이다: 1) 오늘의 현실과 우리의 현대사에 접근하고 그 문제성을 타파해나가는 데 있어, 전통적인 인문주의적 사고 체계로서는 분명한 한계가 노출되지 않을 수 없고 사회학적 상상력 또는 사회과학적 방법론이 원용되지 않을 수 없다는 점. 우리의 지적 체계는 유교 문화든 식민지 시대의 교육이든 혹은 해방 이후의 서구 문화 체계이든 근본적으로 휴매닉스의 범주에 드는 것이며 우리에게 있어 가장 현대적이라 할 근대적 가치 체계들이 사회주의적 관심을 제거시킨 서구 부르주아의 이념 체계인데, 이 같은 고전적 휴머니즘으로써는 70년대 이후의 산업-도시화 사회의 이해에 유효성이 의심스럽고 적어도 사회과학적 방법론의 도입으로 보충 · 수정되지 않으면 안 되었다. 사회과학·사회사·역사학의 지식들에 관심이 폭증되고 문학·예술·종교 등 전통적인 휴매닉스 분야에 조차 이 방면의 독서에 편중되고 있음은 이러한 시각 조정의 자연스런 반응으로 보인다. 2) 이 사회과학적 사고 방법에서 주축을 이루는 것이 마르크시즘을 비롯한 이른바 이데올로기성이 강한 인식론이다. 이 사상 조류가 중심적인 지렛대로 작용하는 것은 두 가지 방향으로 당연스럽게 보인다. 하나는 자본주의 체제가 갖는 물신주의적 가치관과 그것이 현실적으로 제기한 모순과 불평등의 문제들을 인식하고 그것들을 개혁하기 위해, 서구가 타락한 체제를 비판하는 데 그랬던 것처럼 우리에게도 그것은 상당한 호소력과 가능성을 갖고 있다는 점이며, 둘째로 우리의 정신사·학문사에서 그것은 억압당하거나 금기시당함으로써 우리의 인식 체계가 불균형적으로 편향되었는바 이 흐름은 일종의 정신적 균형잡기의 역할을 담당할 수 있다는 점이 그렇다. 3) 그런데, 앞서 말한 것처럼 새로운 세대는 6·25와 전쟁에 대한 체험이 없고, 거기서 빚어진 여러 가지 문제들을 비현실적인, 혹은 시대착오적인 것으로 돌릴 수 있음으로써 이념적인 접근과 지향에서 선배 세대들에 비해 상당히 자유롭고 도전적일 수 있다는 점. 말하자면 우리의 비극적인 현대사가 부여한 선입견으로부터 이들은 덜 오염되어 있고 인식론적인 혼란 상태가 객관적으로 이념 체계를 검토할 수 있게 한 것인데, 진보와 보수의 이데올로기적 대립이 체험의 공유 여부와 우선적으로 갈라짐으로써 세대간의 체질적 차이에서 필연적으로 빚어진 현상으로 보인다는 것이다. 4) 반복하지만, 유신 시대의 교육이 성장 세대에 가한 결정적 영향, 그리고 그 시기에 혜택의 향수자와 배제자로 분열시켜 성장을 도모한 경제적·사회적·문화적 구조, 적과 동지로 구분한 정치적 폐쇄성 때문에 우리의 의식과 사고라는 극단적인 심리 상태를 벗어나지 못하고 있다는 점. 이것은 우리의 현실 세계가 성급하게 변화하고 이 변화에 대응할 수 있는 내면적 여유가 태부족했다는 사연 때문에 더욱 촉진된 것으로서, 그것이 선명성·완벽성·근본주의를 추구하는 데서는 이롭지만 통합성·타협성·절충주의의 민주주의적 심리 구조를 얻는 데는 방해가 된다는 것은 부인되기 어려울 것이다.

III

사회 변화와, 그에 대응한 기성 및 미성 세대간의 의식과 인식의 변환이 이렇게 진행되고 있다고 구조적으로 포착할 때, 문학에서의 이상 세계로의 꿈이 왜 '사랑과 자유'와 같은 원리적인 개념으로부터 '분단 극복과 인간 해방'이라는 실천적 용어로 바뀌었는가를 이해할 수 있을 것이며, 우리의 젊은 세대의 이른바 '운동'이, 4·19 이후의 60년대에 기성의 자유민주주의 체제로의 명실상부한 복귀라는 보수적 이념으로 지탱된 데 비해, 오늘에는 민중으로 표상되는 소외 계층(혹은 계급)의 해방을 향한 급진적 이데올로기의 성향으로 바뀌어 확대되게 되었는가를 감지할 수 있게 된다. 이 '운동'은, 구세대로서는 감히 예상하지 못하거나 거의 두려움 없이는 생각할 수 없었던 목표를 내세우기도 하고, 더욱이 기성 사회가 이에 대한 완강한 거부, 나아가 억압의 태도를 취하고 있고 그래서 이념적으로나 실제에 있어 실현 가능성이 대체로 희박하다고 판단되는 주장을 강조하기도 하지만, 적어도 우리 사회는 기존의 인식 태도가 아닌 새로운 시각으로 바꾸어 포착되어야 한다는 것, 그리고 그 사회는 어떻든, 어떤 방향이나 절차로든 수정되어야 한다는 논리를 제공한 셈이며 그 논리를 받침할 수 있는 실천적 토대가 이미 이루어지고 있음을 시인시키는 기여를 하고 있는 것으로 생각된다. 돌이켜보면, 우리 민족에게도 근대사 이후 몇 차례 체통의 변혁으로 가능할 수 있었던 새로운 체제 선택의 기회가 제시되었었다. 가령, 개항 이후의 수구와 개화의 이데올로기가 맞선 한말, 그리고 식민지 치하였기 때문에 매우 한정적인 성격일 수밖에 없었던 20년대의 민족주의·사회주의의 대립, 가장 개방적이었던 해방 직후의 역시 민족주의·사회주의의 대결, 그리고 그 결과로 민족과 국토가 분단된 이후의 4·19 직후와 79/80년의 구정권 붕괴 직후가 그것들이다. 사후의 판단이지만, 4·19 직후까지의 몇 차례에 걸친 체제 선택의 기회가, 대체로 바람직하며 지속적인 체제를 형성하는 데에 실패한 셈인데, 그 원인은 숱하게 많겠지만, 근본적으로는 진보주의와 보수주의의 대결에서 진보적 이데올로기를 떠받칠 수 있는 사회 구조와 심리—의식 상태의 전반적 변화가 이루어지지 않았다는 데서 찾아질 수 있을 것이다. 79/80년의 경우는, 이미 시차가 6, 7년 지났음에도 아직까지는 그 판단을 보류하고 싶다. 왜냐하면 그 시차에도 불구하고 오히려 지금에 이르러 체제 개혁의 노력이 더욱 가중되고 있는 진행형의 상태에 있고 현재의 민주화 과정과 더불어 체제 개편의 가능성이 열려 있으며, 무엇보다 정치 체계는 구정권의 연장선 위에 있지만 이미 우리는 70년대의 산업화라는 새로운 경험을 정착시키고 있고 의식화 사회에 있어서 광범하고 구조적인 변형의 토대를 마련하고 있기 때문이다. 다시 말하면, 우리는 미래의 체제 선택을 위한 기회가 아직은 유효한 채 우리의 현명한 정향을 구상할 수 있는 상태에 놓여 있다는 것이다. 이 구상들은, 구호적인 표방으로부터 신중한 학문적 모색에 이르기까지 다양하게, 그리고 온건한 수정주의적 입장으로부터 과격-급진적 노선에 미치기까지 다채롭게 전개되어왔는데, 나는 그것들을 크게, 1) 사회 운동적 차원; 2) 민족적 차원; 3) 정치 경제적 차원으로 가를 수 있다고 생각된다. 물론 이 범주들은 상호 작용하거나 연계될 수 있는 것들이며 엄격한 경계를 그을 수 없는 부분도 많겠지만, 미래 구상이라는 시각에서 그 정도의 높낮이, 기본 구조의 변화 및 장단기의 시간성에서 그 구별이 불가능한 것은 아니다.

1) 내가 여기서 사회 운동적 차원이라고 말하는 것은 주어진 제도권의 영역 속에서 현실을 보다 개선하려는 구체적 목표를 설정하고 그것을 향해 실천적으로 지향하려는 움직임을 뜻한다.

예컨대 직능 집단의 이익을 도모한다든가 여성의 권리와 소비자의 권익을 조장한다든가 인권 회복과 고문 근절을 위해 노력한다든가, 노동조합 운동을 전개하며 생활 공동체를 실현한다든가 하는 것들이 그것들이다. 이 운동들이 때로는 실정법을 의도적으로 위반한다든가 나아가 정치-경제의 현재 체제에 도전적인 양상을 보이는 경우가 번다하지만, 대체적으로 보아, 기존의 질서에 대한 근본적인 변혁을 시도하는 것은 아니며 한정된 목표들로 연계되고 있는 것들이다. 이러한 운동들이 갖는 의미는, 중간 집단의 강화와 그것들을 통해 민주주의의 실천적 수행에 중심적 역할을 할 수 있다는 것과, 부분들의 이익과 개선을 통해 전체의 이익과 균형 발전을 기할 수 있다는 점, 그리고 오늘의 우리의 실제에 있어 이 운동들의 연대적 노력이 정치 · 경제적 지배층의 비리와 억압을 견제 · 도전하는 실질적인 민주화 세력이 되고 있다는 점이다. 자유와 평등, 인권과 행복권의 실현을 위한 정치적 · 경제적 민주주의가 제도 그 자체, 권력 구조와 정치 결정 절차 그 자체에 있다기보다는, 인간과 인간, 인간과 집단간의 사회적 관계와 생활 방법 그것들에 있다고 한다면, 이러한 사회 운동적 조직의 활동은 더욱 활성화되고 그 존재와 기능의 강화가 촉구됨으로써 민주주의의 실질적 성장이 이루어질 수 있을 것이다. 그러나 이 사회 운동은 성격상 구조적이고 총체적이기보다는 현상적이고 부분적이며, 근본적인 의미에서 체제 개혁이라기보다는 체제 정당성으로의 복귀로 보인다. 나는 이 지적이 이 운동의 중요성과 연계성을 부인하는 것이 아니라 체제 선택을 위한 미래 구상에서의 전단계임을 말하고 있는 것이다. 그 가능성과 한계를 동시에 보여주고 있는 한 예가 '생활 공동체 운동'이 아닌가 싶다.

이 운동의 시발과 활동 현황 등 그 실제에서 거의 무지한 내게 이것의 중요성을 인식시켜준 것이 '공동체를 어떻게 볼 것인가'를 특집으로 한 무크지 『공동체 문화』(1986, 공동체)이다. 여기서의 특집에는 정호경 신부의 「공동체를 어떻게 볼 것인가」라는 글과 좌담 「생활 공동체, 그 평가와 전망」 및 민속학자 임재해 교수의 「마을 공동체: 민속의 통합적 기능과 생산적 기능」의 글이 실려 있다. 현대의 산업화—도시화 사회에서 인간간의 연대성이 파괴되고 개개인의 파편화되어버린 부정적 삶의 양식에서 공동체를 지향한다는 것은 그 자체로서 매우 건강하고 바람직한 의욕이며 더 나아가 자본주의 체제 때문에 상실한 어떤 부분들을 회복한다는, 체제 비판적인 시각이 들어 있고 그러한 성격을 강조한 이 운동이 미미하나마 그 실제에서 성과를 얻기도 하며 보다 확산될 가능성도 비춰 보인다는 점에서 이 새로운 운동은 계속 주목해야 할 것으로 생각된다. 따라서 앞으로의 전개 양상에 더 큰 비중을 두어야 하겠지만, 그러나 이 특집만을 통해서 보자면 몇 가지 중요한 한계점이 간과될 수 없을 것 같다. 그 하나는 생활 공동체 운동이 현재로서는 소수의 공동 이해 관계자들의 노력을 하나로 결집시키는 정도로 멈춤으로써 기존의 유사한 운동들과 성격상 큰 차이를 보이지 않는다는 점; 둘째로, 따라서 그 노력들이 내부 쪽으로든 외부 쪽으로든 사적인 관계를 기반으로 하고 있다는 점(예컨대 공동 소출한 작물을 개인적으로 아는 도시 교회 사람들에게 공판하는 것); 그리고 보다 중요한 세번째 한계점은 이 운동이 농촌으로만 한정되어 있고 보다 큰 인구와 조직을 가진 도시—산업적 조직들을 주변적 연계로 설정하고 있다는 점; 이에 이어 제도적·정치적 개선을 향한 보다 큰 구상에는 아직 힘이 미치지 못한다는 점 등이 그것이다. 이 운동의 제창자—참여자들이 '공동체' '생활 공동체'에 대한 개념 정립을 가급적 피하고 있다는 사실이 이 운동의 원대한 중요성에 비해 그에 맞먹을 현실화 방책을 얻지 못하고 있음을 시사하는 것으로 보이는데, 여기서 앞으로 더 모색을 요청하는 것은 이 구상과 실제간의 거리가 구조적인 것인지 방법적인 것인지의 문제이다. 이 질문이 가능한 것은 공동체의 개념이 대체로 산업화 이전의 농업 경제 시대에 해당되는 것이며 우리 사회는 앞으로도 계속 공업화가 추진될 것이기 때문이다.

2) 미래의 구상에 있어 가장 시급하면서도 원대하고 체험적 열망이면서 선험적 명제가 되는 것이 분단 체제의 해소와 민족 통일의 성취 문제이다. 그것은 국제간의 정치적·경제적 역학 관계에서 우리가 주변적 상태에서 벗어나 주체적 국가 주권을 획득하기 위해서나, 민족주의의 역사적 정통성을 회복하여 국체를 완성시키기 위해서나, 대내적 억압 기제와 구조를 제거하여

자유롭고 평등한 사회를 이루려는 노력을 위해서나, 우리의 현재와 장래를 향해 가장 큰 전제와 조건이 되는 것이며 그래서 특히 비판 세력들에 의해 통일 문제가 역설되고 그에 대한 관심이 고조되는 것은 당연하고 바람직한 일이다. 더욱이 분단 해소와 민족 통일의 절박성에 대한 외침에는 현실의 모순에 대한 비판과 소외 계급을 위한 개혁에의 의지가 내포되고 있어 그 울림의 현실적 진폭은 더욱 커진다. 그런데, 내가 여기서 당혹하게 되는 것은, 통일 문제의 중요성과 시급성을 깊이 느끼면 느낄수록 그만큼 이 주제에 대한 접근 방법론이 모호하게 느껴진다는 점 때문이다. 실제로 당위성이 너무나 자명하고 그 현실성이 너무 절박하기 때문에, 구체적인 가능성에 대해서는 모호한 실천적 문제들이 그만큼 자명하고 절박하게 나타난다는 것이다. 가령, 남북간의 통합을 견제하는 국제간의 고착화 지향 권력 관계를 어떻게 타개하는가, 기존의 권력 체계 관계를 어떻게 설정 또는 해소시킬 것인가, 분단 40여 년 동안에 축적된 남북간의 이질화 요소들을 어떻게 처리할 것인가 등등 숱한 질문들의 제기 앞에서 나는 정직하게, 무력해질 수밖에 없다고 고백해야 하겠다. 이런 문제들에 대한 실제적 연구 분야인 사회과학계에서 이 주제에 활기 있는 탐색이 이루어지지 않고 있으며 주로 시와 비평에서 강한 염색으로 심정 윤리적 호소를 해오고 있다는 사실이 나의 무력감을 부채질하고 있는 듯싶다. 실천적 관점에서 보자면, 문제가 현실적일수록 현실적인 대응이 요청되며 이때 심정적 요인들은 그 대응의 필요성을 고조시키기는 하겠지만 자칫 대응의 현실성을 훼손시킬 수도 있을 것이다.

나의 이러한 느낌과 생각이 패배주의나 순응주의로만 이해되지 않기를 나는 바란다. 내가 지금 희망하는 것은 분단의 해소와 통일의 성취라는 거대한 역사적 과제가, 이제까지 제창되어온 심정 윤리적 호소로부터 실천 과학적 탐색으로 발전하는 것이다. 그것은 문학인들의 부추김을 받아 사회과학자들이 현실적이고 구체적으로 이 문제를 연구하고 구상하기를 권하는 것이며 정치 지도자들과 정책 결정자들이 우리 민족의 미래 지향을 위해 진지하고 성실하게 이 문제를 다루어주기를 요망하는 것이며, 통일 문제를 향한 노력이 어느 특정 집단, 특수 관계자들만의 것이 아니라 우리 모두의 공동 참여를 통해 수행될 것을 간청하는 것이고, 이 문제의 궁극적 해결을 향해 체제적 · 정책적 · 논리적 포석을 준비해야 할 것을 역설하고 있는 것이다. 여기에는 물론 사상 · 집회 · 언론의 자유가 실질적으로 보장되어야 한다는 문제와 남북간의 무력의 대치와 의혹의 긴장을 해소하기 위한 직접적 노력의 전개라는 문제가 전제되고 있다. 돌이켜보면, 70년대초의 이른바 8·12 선언 이후 일보 전진 일보 후퇴하는 곡절을 겪으며 남북간의 가족 방문과 예술인단의 상호 교류 공연이 이루어지는 단계까지 이른 바 있는데, 그것이 진정 성실한 통일 의지의 결과였는지 대내용의 전략적 전시용만으로 그치는 것인지 나로서는 확실히 알 수 없다. 다만, 정책 당국자의 결정과 수행, 그리고 재야의 강력한 염원 표출이 서로 접합되지 않고 있다는 느낌만은 확실한데 그 서로의 겉돎이 어디에서 유래하든 우리의 통일 사회를 향한 실천에는 무시할 수 없는 괴리를 야기하고 있는 것은 분명하다. 왜냐하면 이러한 괴리는, 통일에 대한 시각이 다르고 전망이 다르며 방법이 다르다는 점에서 비롯되었다기보다는 그 다름들의 밑바닥에 관류될 공통된 의지가 결집되지 못한 데서 연유한 것으로 보이기 때문이다. 이 바닥까지에 우리의 생각이 미치면, 한편으로는 왜 통일이 무엇보다 우선하도록 중요한가 하는 가장 원초적인 질문에 대해서도 새로운 성찰이 필요할 것이며, 다른 한편으로는 통일 문제를 통해서 우리가 부연하여 의도하고자 하는 바가 무엇인가를 검토하는 또 다른 과제에 부딪치게 될지도 모른다.

3) 통일 문제와 관련해서는 더욱이, 그리고 이 문제를 보류하고서라도 여전히, 내게 중요한 관심사로 떠나지 않는 주제가 우리 정치-경제 체제의 선택 문제이다. 그것이 통일 의지와 연계시켜 구성되어야 한다는 것은 이 내부적 체제 문제가 통일 전략의 실천적 포석에서 극히 중심적인 요소로 기능할 것이기 때문이며, 그 연계 없이도 여전히 중요하다는 것은 통일이 이루어지기 전이나 통일이 이루어진 이후에도 우리의 정치-경제적 삶의 구조와 관계가 지속적으로 반성과 지향, 수정과 개혁을 요구할 것이기 때문이다. 내부적 체제 논의가 그 자체로써 분단 상태를 고착시킨다는 우려도 충분히 가능하겠지만, 실체는 실체로서 인

정할 때 성실한 진단이 나타날 수 있으며 실제로 우리가 현실을 수정하고 미래로 진전해가려 할 때 통일 문제만이 유일하고 절대적인 고려 사항일 수만은 없겠기 때문에, 이 논의는 결코 가볍게 넘길 수 있기는커녕, 오히려 보다 진지하게 다루어져야 할 것이다. 이런 점에서, 가령 백낙청씨가 "적어도 한반도에서의 모든 체제 논의가 통일 문제를 떠나서는 공리공론에 그치게 된다는 사실"(「민중·민족문학의 새 단계」, p. 16)을 들어 내부 체제 문제를 전적으로 통일 문제로만 수렴시킨 것이나, 고은씨가 한 시에서 "남북 통일 안 되면 아무것도 뜻 없습니다/그리운 우리 민주주의도 뜻 없습니다"라고 외친 것은 통일에의 의지와 열망의 치열성, 그리고 통일이 되지 않는 한 완벽한 민주주의의 체제적 완성이 이루어질 수 없다는 시각은 읽을 수 있지만, 너무 단순하고 성급한, 그래서 범주적 혼란을 야기시키는 주장이 아닌가 싶다. 그 주장을 더욱 밀고 나간다면, 분단되지 않은 사회에서는 체제에 대한 반성과 수정이 필요 없으며 분단 국가라 하더라도 분단 사회 또는 통일된 사회에서도 그것은 마찬가지이고 오직 통일만이 체제 논의의 대상이 될 것이란 논리가 나타나게 될 것이다. 내가 여기서 두 분의 주장을 오해하는 것은 아닌지 모르겠다. 다만 내가 지금 가르고 싶은 것은 통일은 민족적 정통성과 주체성에 관련된 것이며 내가 지목하는 바의 체제는 우리의 정치적·경제적·사회적, 그러니까 국가 내적 삶을 운영하는 구조와 원리 및 관계를 가리킨다는 점이다.

이 구조와 원리의 탐구에서 현재 강한 호소력을 갖고 제창되고 있는 주장이 민중 사회의 건설이다. 그것은 요컨대, 억압받고 소외당한 민중들이 역사와 사회의 주체가 되어야 한다는 것이며, 그래서 자유와 평등이 갖춰지고 착취 대신에 사랑이, 지배/피지배 관계 대신에 능동적인 참여가 이루어져야 한다는 것이다. 이 이상주의적 주장에는 자본주의적 모순들의 지양을 향한 의지가 함의되고 있고 인간의 물신화 추세를 극복하며 총체적 시각에서 우리 개개의 삶과 공동체적 삶 및 그 관계 구조를 인간화하고 자유·평등·박애가 운영의 원리가 되도록 한다는 고결한 정신이 자리잡고 있다. 나는 과거 역사를 인식하는 지렛대로서 민중/반민중의 관점이 유효할 뿐 아니라 역사의 주체가 민중이란 주장에 대체로 동의하고 있으며, 우리의 미래 사회가 민중론에서 제시되고 있는 원리로 진행되어야 한다는 것에 전적으로 동조하고 있다. 그러나 내가 초조하게 알고 싶은 것은 이 다음부터이다. 우리가 소망하는 민중 사회가 문학적 유토피아의 세계가 아니고 지상에서 실제로 실현하고자 하는 삶의 공간이라 한다면, 그것의 현실적 표현은 어떤 모습일까. 그것의 정치적 제도는 어떠하며 경제적 구조는 어떠한 것이고 문화적 양상은 어떠하며 개인들이 추구하는 가치 체계와 그것을 성취하는 실천의 논리는 무엇이며 개인과 개인, 개인과 집단간의 관계는 어떻게 설정되는가. 이 실질적인 질문은, 민중 논의와 문학적 상상력으로서의 이상 사회에 대한 원리에의 꿈에서 더 나아가, 과학적이며 실천적인, 실현 가능한 프로그램으로서 제기되기 때문에 그것의 현실성의 문제가 제기되는 것이다. 나는 기왕의 논의에서 그 이념적인 모형이 전혀 시사되지 않은 것은 아니라고 생각하지만, 그것이 보다 구체적으로, 현실학으로서의 사회과학적 언어로 제시되거나 추구되어야 한다고 느낀다. 내가 다른 글에서 '미래 구상을 위한 체계들의 여러 선택지'를 예로 들면서, 그 중의, 혹은 그 밖의 어떤 것이 우리가 추구해야 할 것인가를 '구체적으로 검토'하기를 희망한 것은 이런 이유 때문이다.

그 글에서, 상식적인 지식으로 생각할 수 있었던 '선택지들'은 순수형으로 크게 가를 때 다음 세 가지이다. 1) 자본주의 체제; 2) 사회주의 체제; 3) 절충적 체제. 기존의 여러 체제들을 정리한 이 분류에서, 미국과 일본을 그 예로서 생각한 1)의 경우는, 자유 경쟁의 고전적 형태를 상당히 수정하여 복지 정책에도 많은 경비를 투입하고 독점 방지·경쟁 조절을 위한 권력 개입을 상당량 가하고 있으며 사회주의적 발언과 정책을 수용하고는 있지만 대체적인 국가 사회의 운영 원리는 자본주의 체제에 입각하고 있다. 동구권을 모델로 한 2)의 경우는 근년에 이르러 이윤의 개념을 인정하고 단위 생산체간의 경쟁을 유발하며 대외 관계에서도 개방 정책을 도입하고는 있지만 체제의 대강은 사유 재산을 인정하지 않고 생산과 분배에 통제 정책을 여전히 고수하고 있다. 3)의 경우는 서구, 특히 북구의 예를 염두에 둔 것으로 사유 재산을 인정하면서 국가 통제의 길을 열어놓으며 복지

부분에 큰 비중을 투입하는 형태이다. 이 선택지들은, 이념적으로는 보수주의 · 진보주의 · 보수-진보 교합주의로 가를 수 있을 것이며 정치 형태로는 보수적 양당 제도, 진보적 일당 제도, 보수-진보 경합 제도가 될 것이고 사회 구조는 부르주아 계급 우위, 프롤레타리아 지배, 중산층 중심의 그것으로 특징화될 수 있을 것이다. 따라서 이 체제들의 장단점 역시 그 나름으로 갖게 마련이어서 1)의 경우는 생산성을 고조시키는 대신에 소득 분배의 불균형 정도가 높고 자원 낭비가 심하며 인간의 사물화 경향이 심화될 것이며 2)의 경우는 전자의 약점을 극복하는 대신에 생산성이 낮고 관료화의 우려가 개입하고 3)의 경우는 다른 두 선택지가 갖는 강약점을 함께하면서 사회 변화에 탄력적인 대신 정치적 불안정성을 그 대가로 지불한다고 볼 수 있을 것이다. 실제에 있어 1)과 3)이 그처럼 엄격히 구분될 수 없다는 사실에 이어, 이 상식적이고 안이한 도식에는 많은 하자가 있다는 것을 나는 자인해야겠다. 이 분류가, 비록 순수형으로 가른다는 전제가 있다 하더라도, 현실에서 엄정하게 구분되고 그 각각의 특성들이 독립적으로 나타날 수 있는 것이 아니라 보다 복잡하고 모호하게 복합되어 있으며, 그것들이 갖춘 체제의 이념과 실제가 반드시 필연적인 연계를 이루지 않는다는 것이 그 가장 큰 이유이다. 그럼에도 이 모형에 대한 참조가 필요한 것은, 우리의 미래 구상이 이 경우 어떤 것, 혹은 그것의 절충 · 수정 · 변주를 통한 어떤 것을 선례로서 원용할 수 있을 것이며 이런 것들 아닌 그 밖의 어떤 다른 것을 검토하더라도 이 비교 논의는 여전히 유효할 것이기 때문이다.

달리 독특한 구상을 가질 만한 지식과 지혜를 갖지 못한 나로서는 다른 글에서 보수―진보의 두 이념과 그 실제가 경합될 수 있는, 그러니까 3)의 모델에 대한 개인적 선호를 조심스럽게 개진한 바 있었다(「현실의 문화학」, 『들린 시대의 문학』, pp. 98~100). 84년에 씌어진 그 글에서 나는 "80년대초의 정치 개편에서 보수 정당간의 대결 체계보다도 보수―진보의 양당 체계로 성립"되어야 했는데 그러지 못했음을 안타까워하면서, 진보주의적 정당의 출현을 희망하고 있었다. 내가 그렇게 희망한 것은, 첫째로, 이 글의 앞에서도 거듭 강조한 것처럼, 우리가 급격하게 맞이하게 된 산업화 사회의 경제―사회적 구조 변화를 정당하게 수용하며 그 변화에서 야기된 혼란과 갈등을 극복하는 데 진보적인 정당의 회로 없이는 근본적으로 불가능할 것이라는 점, 그리고 남북간의 대치 양상을 개선하고 분단 상태를 지양하는 데 있어 이 정당 체계가 크게 기여하리라는 점, 그리고 자본주의의 폐해를 벗어나면서 동구 체제가 갖는 관료성의 함정에도 빠지지 않기를 바란다는 점 등 크게 세 가지 이유 때문이다. 이 생각은 지금도 별로 변한 바가 없는데, 보수―진보의 양당 제도가 수립된다면, 혹은 그 수립을 지향한다면, 현재 논의되고 있는 헌법 개정에서의 권력 구성 문제에서도, 대통령 중심제보다는 내각책임제가 원칙상 보다 적절할 것이란 판단이 선다. 왜냐하면, 대통령 중심제는 사회 변화에 덜 탄력적이고 더욱이 보수주의 정당간의 대결에는 새로운 국면 전개와 그것에 대한 국민들의 의사를 수용할 기제 역할을 충분히 감당할 회로를 갖지 못한 때문이다. 이 점에서 내각 책임제는 변화와 변화에 따른 의식 변모의 표현에 보다 민감하며 능동적인 체계가 될 것이다. 나의 이런 생각이 현재 여야간의 헌법 개정 논의에 초점이 되고 있는 대통령 책임제/내각 책임제의 권력 구조 문제에 연계되지 않기를 바란다. 왜냐하면, 내각 책임제에 대한 나의 찬의는 진보/보수의 사회 계급적 구성이 실체화되고 그것이 정치·경제적 프로그램으로 공의화될 때를 전제로 한 것이지 지금처럼 보수 정당들만으로, 그것도 권력 획득의 방법론으로만 멈출 때에는 내가 말하는 내각 책임제란 아무런 의미를 갖지 못할 것이기 때문이다.

우리의 미래 구상을 위해 여기서 다시 한번 강조되어야 할 것은, 진보/보수의 사회 계급적 구성이, 우리 사회의 산업화 진전에 따라 더욱 분명히 구조화되리라는 점이다. 지난 20년 동안, 구중산층이 65.6%에서 35.8%로 해체되어오는 과정을 통해, 노동자·빈농·도시 빈민 등의 계급이 24.7%에서 43.3%로, 신중산층이 6.2%에서 17.3%로 증가(김영모 조사. 숫자는 1960년과 1980년)되어왔는데, (신)중산층과 노동자층의 중심 계급화는 앞으로 더욱 강화될 것이다. 이럴 때, 노동자 계급이 잠재력으로서 갖고 있는 진보주의적 색채와, 통상 중산층이 드러낼 성향으로서의 보수주의적 경향이 틀림없이 정치·경제적 프로그램으로 현재화되지 않을 수 없게 된다. 이 실천적 프로그램의 선택지들이 내각 책임제라는 정치 체제로써 보장되어야 한다는 한 가지 문제와 더불어, 진보/보수의 이데올로기와 그것을 담지하는 계급들의 관계를 어떻게 설정할 것인가라는 또 다른 중요한 문제가 제기된다. 다시 말하면 진보·보수의 이념들을 택일적인 것으로 설정할 것인가 상보적인 것으로 연계시킬 것인가; 중산층과 노동자 계급은 어느 하나가 압도적 지배권을 갖도록, 배제적으로 할 것인가 탄력적으로 통합화될 관계로 조정할 것인가의 문제이다. 현재의 우리의 기성 관념은 보수적 이데올로기의 독점하에서 진보적 성향을 불온시하는 완강한 태도를 취하고 있고, 급진적인 젊은 이념들은 진보주의와 그것의 계급적 실체가 여타의 이념·계급을 전폭적으로 배제시킬 것을 주장하는 것 같다. 이 두 지향은, 그 신중성 또는 참신성으로 각각의 매력을 갖고 있는 것은 사실이겠지만, 그러나 두 차원에서 한계를 갖는 것으로 나에게는 생각된다. 첫째는 현실의 진단과 미구에 다가올 변화 인식에 있어, 두 진영은 다 같이 정직·공정하지 못하다는 점이다. 보수주의적 시각은 변화에 대한 성찰을 게을리하고 있으며 진보적 주장들 역시 지나치게 도식적으로 바라본다는 것이다. 아마도 올바르게 말한다면, 노동자 계급의 현실화는 보수주의자들이 생각하는 것 이상으로 급격하게 성취될 것이 분명하며, 그럼에도 그들만의 계급적 지배가 독점적으로 성취되리라고 보는 급진주의자들의 희망도 실제의 실현성은 희박한, 단순하고 낙관적인 기대일 것이다. 우리 사회는 보수파들이 예상하는 것보다 발전되어 있고 고전적인 계급론의 관점을 그대로 도입하여 적용하기에는 이미 복잡한 사회·기술적인 성격을 갖고 신중산층의 성장이 커져 있는 것이다. 두 대립된 견해는 나의 생각으로는 그러니까 시효를 이미 잃어버린 것이다. 두번째 문제는, 두 진영의 현재와 같은 상호 배제적인 태도와 주장이 우리의 미래 사회에 통합을 유도하기보다는 분열을 초래하리라는 점이다. 산업 사회의 구조적 진전이 어쩔 수 없이 진보/보수의 이념적·실제적 대립을 가져오겠지만, 그것의 어느 하나라도 독점적 지위를 요구하고 그렇게 되도록 강요하는 한, 이 대립은 역사적 단층과 희생이 더 큰 변혁을 유발할 것이다. 그러므로 이 대립은 통합을 향한, 공통의 이익을 위한 선택지로서 설정되도록 상대적 존재 이유를 인정하며 상보적 관계로 변화되지 않으면 안 될 것이다. 이 통합성의 개념이 무엇이 되어야 하는지, 서구에서처럼 '시민'일 것인지, 우리에게 호소력이 강한 '민중'이나 '민족,' 혹은 '국민'이 되어야 할지 지금 성급하게 결정할 것은 아니겠지만, 그런 방향으로 우리가 지향하지 않는다면, 우리의 '미래 전망'이라는 것도 매우 위험한 결론으로 낙착될 것이다. 여하튼 이 통합성 속에서 진보와 보수, 노동자 계급과 중산층 계급이 정체성과 연대성을 확보하면서 공동체적 이해 관계를 추구하고 조정해야 할 것이다.

그러나 우리가 어떤 체제를 지향하고 선택하든, 나로서는 최소한 양보할 수 없는 기준선을 갖고 있다. 그것은, 개인의 기본권이, 폭력과 고문을 받지 않을 권리로부터, 사상·결사·표현·양심의 자유를 갖는 권리를 거쳐, 이 권리들과 자아의 추구를 성취할 수 있는 조건을 이룰 합리적 수준의 사유 재산권에 이르기까지가 불가양의 권리로서 보장되어야 한다는 것; 정치적으로, 개인의 참여가 표출되고 대변되며 절차상 권력의 독점을 방지하고 체제 자체에 대한 성찰과 반성이 제도적으로 가능하며 합의와 동의로써 선택·운영될 수 있는 대의제가 포기되지 않아야 한다는 것; 그리고 계급이란 개념으로든 민중이란 명칭으로든 혹은 시민이란 이름으로든 사회 구성원들의 관계가 배제적이 아니라 포용적으로, 적대적이 아니라 화해적으로 통합될 수 있는 원리로 체제 이념을 설정할 것 등이 그것이다. 이 전제들은, 좀더 깊이 따져볼 때, 가령 기본권으로서의 자유가 어느 선에서 견제될 수 있는가, 사유 재산권의 크기는 어느 정도인가, 대의제는 자본주의 사회에서 유산자의 그것에 불과하다는 한계를 갖는 것이 아닌가, 민중이라면 '여러 계급의 연합'인가 아닌가, 시민이라면 부르주아 사회의 역사적 산물이 아닌가 하는 숱한 질문들을 유발시키고 있는 것이 사실이다. 그러나 세부에 매이지 않고 제시될 수 있는 이 전제들은 민주주의란 이름으로든(이 이름은 오늘날 어떤 체제에서도 똑같이 사용되고 있다), 자유·평등의 이념으로든 우리 모두가 소망하고 있는 가치 체계이다. 그렇다면 나는 이미 제시되어온 가치 체계를 반복하여 확인하는 것에 불과한 생각들을 늘어놓은 것일지도 모르겠다. 그럼에도 그 반복 확인은 필요하다. 우리는 숱한 명분과 필요악이라는 이유로, 그것들이 훼손되거나 부인되는 숱한 예를 보아왔고 우리의 앞날에 그런 일이 반복되지 않으리라는 보장을 갖고 있지 못하기 때문이다.

IV

이 소박하고 상식적인 글은 이제 대충 마무리되어야 할 단계에 이른 것 같다. 미래 전망을 위해서 쓰어지는 이 글에서, 중요하게 논의되어야 할 몇 가지 주제는 그러나 거론조차 되지 못하고 있음을 여기서 나는 아쉬워하지 않을 수 없다. 가령, 우리 사회를 인식하는 데 있어 계층적 시각이 보다 타당할 것인가 계급적 시각이 더 적절할 것인가의 문제; 민중론자에게는 주변적 계급으로 비판되지만 예컨대 한상진 교수 같은 사회학자들에게는 오히려 진보적 성향을 가진 중심 집단으로 평가되는 중산층의 존재는 어떻게 자리매김해야 할 것인가의 문제; 그리고 굴드너가 진단(박기채 역, 『지식인의 미래와 새로운 계급의 부상』, 1983, 풀빛)하듯이 우리에게도 새로운 계급으로서의 전문-지식인 집단이 출현하여 기존의 전통적인 계급 관념을 해소하고 '조심스럽고 비판적인 논의 문화 *culture of careful and critical discourse* (CCD)'로 사회 운영이 주도되어갈 것인지의 문제 등이 그런 것이다. 이 문제들은 현재의 우리 사회를 파악하는 관념과 변화 추세를 분석하는 도구, 그리고 미래 사회를 전망하는 시야로서 빠뜨릴 수 없는 중요한 주제들이다. 나는 이 문제들을 다루기에는 전혀 역량이 미치지 못하고 있음을 고백해야겠고, 적어도 이 글에서 이 문제들을 논의하는 것은 사양해야겠다. 앞에서 나는 우리 사회의 변화와 그에 대응하기 위한 미래 구상으로서의 체제 선택 문제를 내 나름대로 소견을 적어보았지만, 정작 내가 강조하고 싶은 것은 논의된 주제의 내용보다는, 논의하는 방식과 태도 자체에 대한 반성에 대해서이다. 요컨대, 우리의 논의는 정말 자유롭고 거리낌없이 진행되고 있는가, 우리의 사유법에는 심정 윤리에서 더 나아가 책임 윤리까지 개입해 있으며 객관적이고 온당하게 사고하는 훈련이 되어 있는가 하는, 지적 풍토에 대한 성찰이 필요하다는 것이다. 우리가 논의하는 주제들이 탁상의 공리공론이 아니라 실천적 수행을 요구하는 것이고 우리 사회의 고민이 그 실천을 기다리고 있는 단계에 와 있기 때문에 이 성찰은 더욱 요구된다. 이 글의 앞머리에서 밝힌 것처럼, 억압감으로부터 벗어나려는 나의 개인적 욕구가 혼자만의 불편감으로 그치지 않기를 바란 것은 이러한 이유에 의해서이다.

우리의 논의 문화를 성숙시키기 위해서 내가 가장 불편하게 생각하는 것이 폐쇄적인 의식 편향이다. 의식은 당연히 어떤 경향과 지향을 갖게 마련이며 그것은 사고의 탄력성과 진폭 확대를 위해서나 다양성을 통한 공통성과 합의점을 획득하기 위해서나 오히려 바람직한 일이다. 여기서 내가 지목하는 것은 다채롭게 펼쳐져야 할 이 의식의 편향성이 서로간에 폐쇄적이고 절대적이며 적대적이란 사실에 대해서이다. 그것은 나의 견해를 완벽하게 옳은 것으로 확신하면서 남의 소견에 대해서는 모두 틀렸다는 흑백논리, 전부가 아니면 무라는 독선적 사고를 가리킨다. 이러한 심리 구조와 사유법은 70년대 이후의 교육에서, 그리고 그 시절의 독재권 행사를 위한 일련의 폐쇄적인 정치 체제에서, 그리고 남북 대치와 반공 이데올로기의 강요 속에서 빚어진 것이지만, 그것들에 대응하는 비판 세력에서도 '이에는 이로 맞서는' 태도에 의해 조장되기도 했다. 이러한 적대적 편향 의식은 가치의 상대성을 전제로 한 민주주의의 실천적 수행에 있어서나, 합의에 의해 결정짓고 운영한다는 공동체적 삶의 지탱에 있어서나 결코 바람직하지 못한 사고 구조이다. 우리의 논의를 위해서 이것이 더욱 나쁘다는 것은 다음 몇 가지로 요약될 수 있겠다. 1) 어떤 주장이나 이념은 그것의 합리성·현실성으로 판단된다기보다는 선명성으로 호소된다는 점. 이 선명성은 논리적 체계가 분명하고 과학적일 수 있겠지만, 현실은 보다 복잡하고 모호하여 의외성이 작용하고 있고 이론과 실제간의 괴리가 개입해 있다. 그런데 선명성에 대한 고집은 이런 괴리를 무시하거나 자의적으로 재단함으로써 결과적으로는 비현실적인 것이 되거나 자가당착에 빠지기 쉽다. 그런 문제에 대한 내 느낌을 한번 적어본 적이 있지만(「지식인됨의 고민」, 『들린 시대의 문학』), 이것은 바람직한 것과 가능한 것, 개연적 진실성과 도식적 논리성간의 혼란을 야기한다. 2) 선명성에 대한 집착이 상대의 의견이나 대상 비교의 검토에 전단성을 행사하게 한다는 점. 가령, 기성 세대의 보수적인 관념은 학생들의 주장을 일반적으로 잘못된 것으로 억압하는 반면 운동권의 젊은 세대는 기성의 사고를 무조건적으로 불신·무시함으로써 양자간에 대화의 서두조차 성립되지 못할 정도로 충돌하고 있다는 것이 그렇다. 그리고, 부르주아 사회의 이념 중에는 앞으로도 여전히 유효할 점이 있듯이, 민중 혹은 또 다른 사회에의 이데올로기에도 부르주아 사회의 타락을 극복할 건강하고 바람직한 가치 체계가 존재한다고 나는 생각하는데, 우리 사고법의 전단성은 어느 하나만이 완전히 옳고 다른 하나는 불량한 것으로 단정하는 것도 그렇다. 이런 충돌과 배제가 지속되는 한 우리는 어떤 합의에도 도달하지 못할 것이며 승리와 패배라는 극단적인 결과만이 우리 사회를 지배하게 될 것이다. 3) 우리의 토론과 비판의 자리에 50년대적 매카시즘이 여전히 깊이 작용할 뿐만 아니라 새로이, 어떤 발언에 대해 매카시즘이라고 공격하는 역매카시즘이 가세하기 시작했다는 점. 아마도, 민중론이라거나 진보적인 견해들이 불령한 것으로 위험시당하고 있는 일이 기득 집단에서 현재에도 만연되고 있다면, 재야 운동 집단에서 온건 타협적이거나 절충론적 발언들이 배신적인 것으로 매도되고 있다는 사실도 실제로 부인하기 힘들 것이다. 그래서 우리의 의사 표명은, 색깔과 저의로 불신당하지 않기 위해서라면, 자제해야 하거나 영문 모르게 발언되지 않을 수 없게 된다. 이러는 한 우리의 논의는 겉돌지 않을 수 없고 토론의 진지한 진전은 바라볼 수 없게 된다.

우리의 미래 전망을 위한 모색에서 나의 또 한 가지 느낌은 우리의 희망을 지속적인 진행에 얹어두기보다 어떤 비약의 계기에 전적으로 의탁하려는 것이 아닌가 하는 점에 관한 것이다. 가령, 앞서 인용한 시행 "남북 통일 안 되면 아무것도 뜻 없습니다/그리운 우리 민주주의도 뜻 없습니다"나 그 비슷한 표현과 사고법이 그렇다. 나로서는 오히려, 남북 통일이 뜻이 있기 위해서는 그러기까지의 모든 것이 뜻이 있어야 하며, 그 뜻들의 모임이 통일의 의미를 성취시켜준다고 생각하는 쪽이다. 우리는 식민지 체제로부터 해방되는 '그날'을 맞이하기도 했고 독재 정권이 무너지는 4·19와 10·26의 '그날'도 겪었다. 우리는 '그날'에 이르기 위해 숱한 피를 흘렸고 고통도 감수했으며 그럼에도 쓰러지지 않고 '그날'을 향해 진전했다. 그래서 '그날'을 얻어냈고 해방과 새 세상을 맞아들였다. 그러나 그렇다고 해서 우리는 말 그대로의 진정한 해방과 새 세상을 향유할 수 있었던가. 결코 아니다. 우리는 하나의 문제, 어쩌면 보다 큰 문제로부터는 벗어났지만, 또 다른 새로운 문제, 결코 중요하지 않은 것이 아닌 문제들을 다시 만난 것이다. 분단과 전쟁이 그것이고 5·16과 유신이 그것들이며 5월 사태와 폭력 상황이 그렇다. 보다 큰 문제들이 하나씩 벗겨져가고 우리의 전반적인 상황이 조금씩 개선되는 것은 사실이겠지만, 우리가 땅 위에서 사는 한, 그리고 역사가 지속되는 한, 문제들의 근본적인 해소와 이상 세계의 돌연한 도래가 이루어지는 것은 아니다. 아마도, 이러한 나의 소견은 나로서도 어쩔 수 없는 비관주의에서 비롯된 것이며 역사 발전의 결정론적 과학성을 믿지 못하는 데서 유래된 것인지도 모른다. 이 점에 관한 한 나는 낙관주의적이지 못하며 순진하지도 않다. 그렇다고 나는 역사적 허무주의에 빠지거나 패배주의적인 체념론으로 경사되기를 바라지는 않는다. 오히려 내 희망은, 그와 반대로, 우리의 종착이 달성이거나 패배이거나간에, 그곳을 향해 나아가는 과정과 노력에 우리의 최종적 의미 부여를 행한다는 것에 있다. 다시 말하면, 남북 통일 그 자체가 중요하다기보다는 그것을 향해 우리가 들이는 수고와 정열과 의지가 귀중하며 이 귀중함의 진정성이 획득될 때 통일의 '그날'이 비로소 의미를 발휘하게 된다는 것이다. 우리가 끈질기게 민주주의를 실천할 때 진정한 통일의 기쁨을 맛볼 수 있는 것이며, 그 민주주의라는 것도, 제도의 구성이나 권력의 정비 그 자체에 있다기보다 민주주의를 성취하려는 절차와 방식과 의지와 노력의 민주주의화란 그 과정 속에 있는 것이다. 한 비평가의 말을 빌려 거듭하자면, 진실은 진실화 과정 속에 있으며 역사는 역사를 만들어가는 역사 속에 있다. '그날'은 저 너머 어디에 있다기보다도 지금 바로 여기의 종말론적 시간 속에 놓여 있다. 나는 역사에 대한 이러한 인식 위에서야 환상에 젖지도 아니하며 허무주의에 빠지지도 아니하고 그것을 빙자한 어떤 폭력도 용서하지 아니하며 진정 역사적 삶을 사는 것이리라고 생각한다. 그렇다면 지금 여기서 나는, 미래에 대한 전망을 하고 있다기보다는 결국 지금-이곳의 이야기를 하고 있는지도 모른다. 〔1987. 6〕

지식인됨의 고민
―― 최근의 책 몇 권을 읽고

I

나는 최근에 비슷한 유의 책 몇 권을 잇달아 읽게 되었다. 모두 올 가을에 나온 신간들인 그 책들은, '가족사'로서 아마도 작가의 아버지의 생애를 재구성한 것으로 보이는 이문열의 장편소설인 『영웅시대』(상·하, 민음사), 아나키스트로서 중국 대륙에서 항일 운동에 투신한 한국 지식인의 자서전체로서 중공통의 저명한 미국 기자 에드가 스노의 부인인 님 웨일즈가 쓴 『아리랑』(조우환 역, 동녘), 조지 오웰이 스페인 내란에 독립노동당의 의용군으로 참전하면서 목격하고 생각한 바를 기록한 르포 『카탈로니아 찬가』(박충선 역, 학원사), 그리고 폴란드와 독일에서 급진적인 사회주의 운동을 주도하면서 그 실천에 못지않은 경제이론서를 쓰기도 한 여류 좌파 지식인의 본격적인 연구서로서 그녀의 가장 성실하고 권위 있는 이해자로 보이는 파울 프뢸리히의 『로자 룩셈부르크의 사상과 실천』(최민영 역, 석탑) 등이다. 이미 짐작되겠지만, 이 책들은 소설과 참전기 혹은 전기로서 제

각각의 스타일을 취하고 있고, 그 주인공들이 활동한 시기와 지역도 20세기초와 30년대 그리고 6·25 전후, 유럽과 극동이란 서로 상당한 거리를 두고 있음에도 불구하고, 어려운 시대와 싸우며 정해진 이념적 목표를 향해 실제의 현장에 스스로 투신해나간 좌파적 지식인의 내면적 정신과 고뇌, 구체적인 투쟁과 갈등의 궤적을 진술 혹은 추적하고 있다는 점에서 공통성을 지니고 있다. 그들의 생애가 단순한 서재 속의 지식인이거나 반성에 여유가 없는 행동인만의 것이 아니기 때문에 이 책들의 주인공들은 보다 격렬한 삶을 살았고, 이념과 이념, 실제와 실제, 이념과 실제간의 숱한 어려움들과 부닥쳐야 했으며, 그에 걸맞게 극적인 결말로 자신들의 마지막을 끝맺는다. 예컨대 로자 룩셈부르크는 백색 테러단에 의해 암살당해 죽은 지 몇 달 후 운하에 떠오른 시체로 발견되었으며, 『영웅시대』의 이동영은 구명을 위한 배신이나 탈출을 포기하고 대가 없는 허망한 죽음을 맞이하고, 『아리랑』의 김산은 그 후의 소식을 알 수 없는 채 우리의 기록에서 사라져버리고 말며[1]* 여기서 예외적이라 할 『카탈로니아 찬가』의 오웰마저 스페인의 '정치 전쟁'에 대해 쓰디쓴 환멸을 느

---

1) 김산과의 인터뷰를 통해 자서전 형식으로 재구성된 『아리랑』은, 약속에 따라 인터뷰가 이루어진 지 4년 후인 1941년에 미국에서 발간되었는데 그 후의 김산의 행적에는 아무런 추신이 없다. 서울대 신용하 교수의 추측으로는 가명의 김산은 연안군에 속하면서도 만주 동북 지역의 항일군에서 활동하다가 40년 전후의 일군의 소탕전에 피살되었으리라는 것이다.
그 동안 김산에 대한 추적 조사와 연구가 활발하게 이루어져왔다. 그의 본명

끼고 부상에서 미처 쾌유되지 못한 몸으로 귀국길에 오르게 되는 것이다.

이 책들을 보고 나서 갖게 된 내 느낌은 요컨대 매우 착잡한 감회였으며, 보다 정직하게 말해서, 찬탄하거나 비판하거나간에 이제까지 분명하게 보였던 어떤 것들에 대한 확신이 흔들리고 혹은 풀어져서 무엇이 옳고 그른지, 어떻게 하는 것이 좋고 나쁜지 뚜렷이 말할 수 없게 되어버린 불투명한 생각들에 빠져버린 것이다. 이런 느낌들 때문에 나는 이 책들에 대한 서평이나 객관적인 검토와 같은 형식의 글을 처음부터 단념하고, 자유로운 수상의 에세이를 써보고 싶다는 생각을 하게 되었지만, 내가 어떤 문제에 대해 확신을 가지고 말하기 힘들다는, 어쩌면 나 자신과 나를 둘러싼 세계에 대한 비관적이기조차 한 반성을 갖게 된 것은 좀더 오래 전부터이다. 즉 민중과 민중문학이 우리 지식층에 매우 중요한 주제로 떠오르고, 계층과 계급의 문제, 그것들이 우리 사회에 어떻게 표현되고 있는가를 구조와 현상을 통해 관찰하게 되면서부터 나는 무모해지기 시작했던 것 같고, 현실의 굳어감과 굳어가는 현실에 대한 젊은 항의간의 긴장이 고조되어가면서 나의 무모함은 무게중심마저 잃어버리도록 만든 것 같았다. 그런 내면적 정황 속에서 나는 이 책들을 보게 된 것이다.

은 장지락(張志樂, 1905~1938), 밀정 혐의로 중국 공산당에 의해 처형되었으며, 1983년 무죄가 인정되어 복권되었다. 『한국 사회주의 운동 인명 사전』 (강만길·성대경 엮음, 창작과비평사, 1996) 참조.

내가 이 책들을 보며 유지하고 있었던 하나의 관점은 그러나 그 책들의 주인공들이 제시하는 이념들의 타당성이나 그들이 몸으로 보여주고 있는 구체적 실천의 성과 자체에 대한 것이 아니라 그들의 그 이념과 실천 사이에 개입해 있을 어떤 간극이나 딜레마에 관한 것이었다. 행동적 지식인들의 삶에서 작은 구멍 하나로만 들여다보려고 하는 내 무의식적인 의도가 어디에 있었는지, 가령 내가 이념에 대해 무지하고 실천의 역사적 평가에 대해 충분한 이해력을 못 가진 탓이었는지, 혹은 지식인이 어떤 쪽에 서든——체제 쪽이든 반체제 쪽이든——달가운 존재가 못 된다는 것에 대한 자의식적인 반응이었는지, 아니면 금년에 더욱 눈에 두드러지게 뜨이는 이념들과 그것의 구호화와 그 실제 사이에 상당한 괴리를 발견하게 되고 그 괴리야말로 보다 중요한 주제가 되어야 한다는 생각이 숨어 있었기 때문인지, 나로서도 분명하지 않지만, 이 책들에 대한 이러한 독법은 좀전부터 들기 시작한 내 회의를 더욱 혼란스럽게 만든 것이 사실이다. 회의와 혼란이라고 했지만, 그것은 바꾸어 말하면, 모르든가 무심하게 지나쳤던 것들에 대한 새삼스런 발견과 그 발견의 이해를 통한 기존 관념의 반성이랄 수도 있을 것이다. 그렇다고 해서 기왕의 내 생각들이 일거에 무화되어버릴 것도 아니어서, 이쪽과 저쪽이 상반된 가치 체계임에도 불구하고 비슷한 무게의 진실함을 가지고 나를 저울질하게 만드는 것이었다.

그것은 공존할 수 없는 것들의 동시적 공존이라는 심리적 양상일 것 같은데, 여기서 내 어처구니없는, 그러나 나로서는 꽤 미묘했던 사소한 경험을 예로 들어도 좋을 것이다. 나는 지난 여름, 내 두 아이를 데리고 조카네 집을 볼 겸해서 설악산에 모처럼의 휴가 여행을 갔었다. 조카 부부의 덕분에 나와 내 아이들은 호텔에서 사흘을 지냈고 그들의 자가용을 빌려타고 부근의 여러 곳을 구경했으며 갈 때와는 달리 돌아올 때는 비행기를 타기까지 했다. 내 나름으로는 편안하고 유족하게 휴가 여행을 한 것이었다. 그러나 나는 그 여행중에 거의 놀라움으로 받아들여야 할 장면 둘을 목격했다. 그 하나는 서울에서 속초로 가는 버스의 연변에서 줄줄이 이어진, 그리고 속초와 설악산 일대를 다니면서 쉼없이 지나가고 즐비하게 늘어선 서울의 자가용 승용차들이었다. 도처에 사람들이었고 그들이 타고 온 승용차들이었다. 이때 자연스럽게 들었을 상식적인 한탄을 구차하게 늘어놓을 필요가 없을 것이다. 다른 하나는 호텔에서 으레 식사 시간이면 볼 수 있는 식당에서의 투숙객들의 모습이다. 대체로 그들은 가족 동반이었고 호텔에서라면 짐작될 수 있는 부유하고 지적으로 보이는 남편과 세련되고 젊어 보이는 부인과 그리고 영양 좋고 의젓한 그들의 자녀들의 단란하면서도 당당한 장면들을 그들은 보여주고 있었다. 이 두 모습의 새삼스런 발견은 나 스스로도 프티부르주아의 한 사람이며 바로 그들과 똑같은 모습을 하고서 그들과 같은 양식으로 조반을 먹고 자가용으로 돌아다닌다는 자의식의, 그 소심한 지식인의 자의식을 뛰어넘는 문제성으로 생각을 번지게 만들었다. 그것은, 가령 빈부의 격차 문제라든가, 그즈음 집요하게 나를 괴롭히던, 나 자신을 포함한 중산층의 비도덕성과 에고이즘이라는 의례적인 생각들도 이미 지나친 것이다. 예컨대, 호텔에서 여름 휴가를 지내는 저들의 어린 자식들은 더 커서 성인이 되어서도 그와 비슷한 유의 특혜를 부끄러운 특혜로서 인정하는 것이 아니라 당연한 권리로서 향유하게 될 것이며, 그것은 그들에게 새삼스런 권리로, 반성되지도 않고 마치 타고난 신분에 의해 당연히 귀속된 자격으로 주장되리라…… 그렇다면 한 집단은 한 집단으로서의 유전질이 전수되고 그것은 의식에서뿐 아니라 기질이나 생체로 굳어질 것이다…… 그렇다면, 양반의 자식은 양반이라는 것이 기골로써도 알아보게 된다는 옛말이 실재로서 재현되는 것이리라…… 나로서는 의외의 이 발견은 그의 사상과 행동이 어떻든간에 그의 출신 성분으로 정죄가 되고 혹은 찬양이 되기도 하는 어떤 가치 체계 사회의 판단법이 전혀 근거가 없는 것은 아닐지도 모른다는 데까지 생각을 진전시켜놓았던 것이다. 그것은 부모의 신분 때문에 무구(無垢)한 자식이 이념적 비판을 받아서는 안 된다는 기왕의 내 사고법을 적어도 그 원칙에서는 흔들어놓는 것이었다.

흔들렸다고 내가 말했지만, 그러나 그렇다고 해서, 내 기왕의 관념을 뿌리째 포기하고 싶은 생각이 아직은 들지 않았다는 점은 솔직하게 말해두어야겠다. 그것이, 나의 버릴 수 없는 프티 인텔리겐치아의 속물적이고 이기적인 기질에서 고집되는 것이고, 집단의 유전성이 오늘날에는 그렇게 견고할 수 없다는 것이 객관적인 사실이기 때문이든, 또는 한 인간의 생애는 자신이 책임질 수 없는 타고난 바의 것과는 분리해서 판독되어야 한다는 인식 때문이든, 지금의 나로서는 자상하게 검토되어지지는 않는다. 다만 확실한 것은 그 새삼스런 경험을 통해서 이제껏 일고의 여지도 없다고 단언해왔던 것에 대한 반성을 얻은 점이었고, 여기서 개인의 기질이 그가 속한 계층의 집단적 기질로부터 완벽하게 독립될 수도 없는 것일뿐더러 그 집단에 의해 그의 타고난 기질과 취향이 선천적인 것이라는 형태로 부여될 수도 있겠다는 것이며, 그렇다면 그 기질과 취향이 나쁜 것이어서 시정되어야 할 것이라면, 그 시정 방법은 그 한 개인만을 대상으로 해서는 안 되고 그가 속한 계층 전반에 대해서 가해져야 한다는 것이었다. 그러나 이와 같은 나의 사고에, 단정과 주장을 피하고 꾸준히 유보적 어사를 투입하고 있는 것은 인간의 실존적 결단에 대한 믿음 혹은 기대를 내가 여전히 그리고 앞으로도 계속 가질 것이기 때문이다. 그러니까 보다 온건하게 말해서 계층과 같은 집단의 영향을 받는 것은 사실이지만, 그러나 그에 의해서 한 인격에 대한 판단이 결정된다는 것은, 있을 수도, 있어서도 안 된다는 생각이 그것이다. 지식인들이, 소설 속의 이동영으로부터 전기의 주인공인 로자 룩셈부르크에 이르는, 내가 최근에 본 지식인들이 좌파 계열의 진영 속에서 활동했다는 것이 그런 생각의 증례로 믿어지는데, 그들이야말로 자기가 속한 계급을 벗어나서 자기들 집단을 적으로 증오하는 편에 들어서서 스스로의 생애를 투척한 것이다. 이때 이들에 대해 내가 궁금해한 것은 이들이 자기 계층을 얼마나 벗어날 수 있는가, 자기가 태어나지 않은, 그래서 기질과 취향이 다를 수밖에 없는 다른 계층에 대해 얼마나 동일체감을 느낄 수 있었던가라는 문제였다. 그리고 이 질문을 바꾸어 말한다면, 그것은 그들이 추구하는 이념과 그것을 실천하는 실제 영역 사이의 거리가 어떤 양상으로 개재해 있고 그들은 그것을 어떻게 취급했으며 어떤 대응 태도를 취했는가의 문제이기도 하다. 요컨대 그것은 지식인됨의 존재론적 질문이고 개인과 집단, 지식인과 무반성적인 세계와의 긴장 관계에 대한 고통스런 인식의 문제인 것이다.

II

1936년, 좌파 단체의 추천장을 받아 스페인 내란 현장에 뛰어들어, 프랑코군과 정부군에 반항하는 독립노동당의 의용군으로 참전한 오웰의 『카탈로니아 찬가』는 입대 전날 밤에 첫 인사를 하자마자 "마치 그의 영혼과 내 영혼이 언어와 관습의 차이를 넘어서 순간적으로 아주 밀착된 것 같은" 한 이탈리아 의용병의 감동적인 인상부터 기술하는 것으로 시작하고 있다. "낡은 군복을 입고, 열렬하고 감동적인 모습을 한" 그 사나이야말로 "그 당시의 독특한 상황을 대표하고 있는 것"으로 보였기 때문에 오웰은 그에 대한 "생생한" 인상을 오래 간직하려고 한다. 사실, 6개월 동안 우스꽝스럽기도 하고, 어쩌다 죽음이 있기는 하지만 희극적인 코미디를 보는 것 같기도 한 이 전쟁에서 오웰에게 살아 있는 심상으로 남아 있는 구체적인 기억들이란 '그 사나이'와 연결된, "바르셀로나의 붉은 깃발들, 다 떨어진 군복을 입은 군인들을 가득 싣고 전쟁터로 달려가던 가늘고 긴 기차들, 선로 저 멀리 보이는 전쟁에 찌들린 잿빛 마을들, 그리고 얼음처럼 차갑고 진흙투성이였던 산속의 참호들"(pp. 17~18)이었다. 오웰 자신이 이념가라기보다는 작가였기 때문에, 그리고 이 전쟁의 지도자로서 스페인의 이 복잡한 전쟁의 중심부에서 활동한 것이 아니라 무식한 사병들과 고장난 총을 들고 참호에서 추위와 갈증이 더 큰 위협으로 견디기 힘들어하던 일선 현장에서 이 전쟁을 체험하고 또 목격했기 때문에, 그가 주목하며 관심을 집중할 수 있었던 것은 이 전쟁이 품고 있을지도 모를 역사적 의미나 이념적 실천의 성과이기보다는 전쟁 자체, 전투의 고통스러움과 그것에 참여한 사람들의 갖가지 인간적인 모습, 구체적인 상황과 사건 들이었다. 그의 시선의 출발점이 여기에 있었기 때문에 정작 이 전쟁을 통해 그가 고발하고 있는 것은 이 전쟁을 부당하게 왜곡시키고 있는 것으로 보이는 국제 여론의 오도, 그리고 이 전쟁을 주도하고 있는 좌파 세력들의 분열과 배반에 관한 것이었다. 그 스스로 사회주의자로 자처하고 있었고 그 방면의 저술도 갖고 있는(예컨대 『와이건 부두로 가는 길』) 오웰은 파쇼에 대항하여 봉기한 사회주의 싸움에 참여함으로써 오히려 그 실제에 대한 혐오감을 얻게 되었을 뿐이다.

그에게 진실하게 보인 것은 이 전쟁에 뛰어듦으로써, 이념이나 명분, 그것을 주도하고 있는 지도부와 그들의 전략이 아니라, 구체적인 인간과 인간 상황이었다. 그러므로 그는 정직하고 고통받는 인간과 인간 상황을 저버리는 모든 것이 적으로 바라보이는 내면적 변화를 겪는다. 그 변화는 이념과 이념의 실제와는 다르다는 것, 다른 정도가 아니라 거의 반목적인 관계에 있다는 것, 그리고 그 스스로는 이념을 믿기보다는 실제의 현상적인 구체성에 편든다는 것으로 요약될 수 있을 것이다. 가령, 그는 "멍하고 창백한 얼굴을 모포 사이로 내민 채 전선에서 들것에 실려오는 열다섯 살짜리 스페인 소년의 모습"을 목격하면서 이 소년이 "위장한 파시스트라고 팜플렛을 쓰고 있는 런던과 파리의 말쑥한 사람들을 생각한다는 것은 찝찔한 일"이라고 쓰고 있는데 (p. 67), 이 진술에서 변화한 오웰의 어떤 정신적 편향을 우리는 발견할 수 있다. 그는 이 소년이 파시스트인가 아닌가를 직접 검증한 것 같지도 않으며, 설령 소년 자신은 파시즘을 안 믿는다 하더라도 그가 무지하기 때문에 결과적으로 파시즘에 기여할 수도 있다는 생각도 하지 않으며, 더욱이 이념을 실천하기 위해서는 숱하게 무구한 희생이 있을 수도 있다는 역사 진행의 커다란 흐름에 아무런 미련을 주지도 않는다. 오히려 그는 역사가 그렇게 해서 이루어지는 것이라면, 그리고 이념의 실천이 그런 양상으로 성취되어야 한다면, 그 역사와 이념은 거부되어야 할 것으로 생각하는 쪽이고, 이 당장에 그가 슬퍼해야 하는 것은 어린 소년이 부상으로 고통받고 있다는 비참한 현실이었다.

『카탈로니아 찬가』의 이런 대목에서였을 것이다. 레이먼드 윌리엄스가 그에 대한 평전에서 스페인 전쟁을 체험하면서 오웰에게는 "개인적 시야로부터 공통의 동기에 이르기까지의 분명한 결렬도 있었다"(김병익 편, 『오웰과 1984년』, p. 65)고 지적한 것은 그는 이념적 대의와 실제의 현장을 여기서 분열시켰고 그 간극에서 그는 별로 주저하지 않고 이념을 버리며 실제의 진실 쪽으로 '전향'한다. 그래서 드디어 그는, 그가 주로 생각한 것은 "이 가련한 싸움의 옳고 그름이 아니라 단지 지붕 위에 밤낮으로 앉아 있는 일의 참을 수 없는 불편함과 지겨움, 그리고 점점 심해지는 굶주림뿐"으로 되고, "이것이 역사이긴 하지만, 역사는 아무래도 그런 게 아닌 것 같았다"(p. 128)고 회의하게 되며, 그의 참전이 끝나갈 무렵에는 "이 전쟁에 관해 전처럼 순진하게 이상주의적으로 생각하기 힘들었다"(p. 161)고 고백하기에 이른다. 잘 알려져 있는 바와 같이, 오웰은 스페인 전쟁에서 돌아온 후 자유민주주의자로 옮겨앉게 되고 2차 세계 대전이 발발하면서 '애국자'(레이먼드 윌리엄스의 표현이다)가 되었으며 전후에는 결과적으로는 반소 운동의 성과를 얻는 『동물농장』과 『1984년』을 발표하게 된다. 결국 그는 이 전쟁을 통해 사회주의자로부터 자유민주주의자로 신념을 바꾸게 되었는데, 이념적 차원에서 실패로밖에 볼 수 없는 그의 이 같은 좌절 혹은 전향은 어디에서 비롯된 것일까. 이념 자체가 잘못인가, 이념이 실천되는 장 안에서의 잘못인가, 혹은 이념의 실천화 과정에서 야기되는 때로는 우스꽝스럽고 때로는 비참한 실제의 역사와 이념의 큰 흐름으로 흡수하지 못한 오웰 자신의 지적 소인성(小人性) 때문인가 아니면 윌리엄스가 집요하게 분석하고 있는 것처럼 중산층 지식인이라는 집단적 유전성에서 그가 끝내 못 벗어난 때문인가(실제로 『카탈로니아 찬가』에는 스페인의 곳곳의 장면과 사람들의 모습들을 호감 있게 묘사하고 있지만 그것들은 대체로 그가 속한 영국과 영국민과의 비교를 통해서 우월한 자의 관대한 시선으로 받아들여지고 있는 듯한 인상을 준다). 우리의 오웰에 관한 질문은 더 계속될 수 있을 것이다. 지식인으로서의 그의 전향은 자명한 것인가 아니면 다른 선택이 가능한 것인가, 그의 전향을 가능케 한 개인적 진실과 공통의 동기가 지닌 명분과는 늘 그렇게 반목하는 것인가 합치될 수도 있는가, 그 반목과 합치는 객관적 상황인가 주관적 해석인가, 오웰의 전향은 윤리적으로 진실한 것인가 아닌가, 이때의 윤리적이란 개인적인 것인가 집단적인 것인가, 개인과 집단은 그 관계를 어떻게 설정해야 할 것인가, 이러한 평가와 분석은 항상적인 것인가 시기에 따라 가변적인 것인가……

III

이념과 실제 사이를 분열시키고 그 관계를 반목적인 것으로 설정함으로써 이념을 버리고 실제의 편에 든 오웰에 대한 가능한 질문들은 이문열의 『영웅시대』의 주인공 이동영에게도 마찬가지로 해당된다. 작가의 후기와 그에 대한 정황으로 짐작하자면, 이동영은 아마도 작가의 아버지였을지도 모르며 그것도 어머니 등의 가족의 입을 통해 추체험된 인물일 것이다. 이 소설이 지닌 문학적인 문제성은 최인훈의 『광장』 이래 처음으로, 주인공이 월북해서 활동한 북한의 내면을 보여주고 있다는 점에서 우선 찾아지겠는데, 그것은 어느 모로 보나 특기할 일일 것이다. 여하간 이 소설에서 가장 크고 중요한 지면으로 할애되고 있는 북한 또는 인민군에서의 이동영의 소설적 역할은 소문과 추리와 그리고 문학적 상상의 교묘한 결합으로 구성되었을 것이기 때문에 이 부분에서의 이동영의 내적·외적인 이야기들은 사실이기보다 허구일 것이며, 이동영의 지식인으로서의 회의와 이념의 실제인 공산주의 체제에 대한 비판은 실제와 관련 없는 작가 자신의 인식의 표현으로 보아야 할 것이다. 그러므로 이동영에 대한 분석과 평가는 작가 이문열에게 사실상 향해지는 것으로 될 것이다. 그럼에도 불구하고 이동영의 좌절과 그의 변화하는 내면적 추이를 독립적인 사실체로 보아도 큰 무리는 없을지도 모른다. 그것은 사회주의 이념을 버리고 전향한 지식인들을 오웰뿐 아니라 식민지 시대에서나 6·25를 전후로 한 우리나라에서도 자주 볼 수 있었을 뿐 아니라, 전향의 과정과 동기도 개연적으로 충분히 사실적 가능성을 가질 것이며 이동영이 그것을 구체적으로 예시한 경우로 우리가 받아들일 수 있기 때문이다.

레이먼드 윌리엄스가 오웰을 근본적으로 무산자 계급에 속하지 않은, 일종의 허위 의식에 잡혀 있는 지식인으로 관찰한 것처럼, 『영웅시대』의 이동영은 두어 군데에서 '부르주아 휴머니스트'로 지적된다. 그는 일본 유학중에 아나키스트 그룹에 참여하며 머지않아 그 그룹 지도자의 지시에 따라 공산주의자로 가입하는데, 아나키즘과 공산주의간에는 첨예한 이념적 대립이 있었음에도 불구하고 그 실제에서는 같은 계열의 좌파 집단으로 연계되고 있었음은 이 소설 아닌 곳에서도 자주 기술되고 있다. 여하간, 자기 아내와 어머니까지 공산당의 소요에 참여시키면서 활동하던 이동영이 자신이 추구해온 이념에 대해 동요를 일으키기 시작한 것은 북괴군이 서울을 점령하고 그 자신은 지방의 국립대를 접수하여 운영하기 시작한 그즈음부터이다. 이후의 기록은 이동영과 다시 만난 전날의 그의 동지들의 이념, 아니면 적어도 이념의 실천에 대한 회의를 느껴가는 과정에 다름아니다. 서울을 국군에 빼앗기고 빨치산에 투입되면서, 그리고 다시 점거한 서울에서 선전부 간부로 활동하면서, 북으로 밀려가 중요한 자리를 차지하고 앞날의 승진에 낙관하면서도, 그리고 마침내 원산의 대학교수로 밀려나 농업경제를 강의하게 되면서 그의 정신은 마르크시즘 이념에 대한 경사로부터 그것이 현실적 권력과 체제로 이루어짐으로써 보게 된 실체에 대한 회의로 변화해간다. 에필로그 바로 앞에 길게 삽입되어 있는 '동영의 노트'에서 그는 드디어 공산주의를 버리고, 우리에게 남겨진 두 원리는

'휴머니즘과 민족주의'라고 단정하며 그것을, "전대(前代)의 어설픈 이상주의가 곳곳에서 논의에 혼란을 주고 있는 대로, 아비는 이 대안을 감히 너희 시대의 출발점으로 암시한다"(p. 653)고 천명한다. 이동영은 스페인 전쟁을 분기점으로 하여 움직여온 오웰의 정신적 궤적을 한국 전쟁을 통해 그대로 재현한다. 차이가 있다면, 오웰은 그 르포에서 이념 전쟁에 의해 희생당하는 개개 인간의 비참성과 그것을 명분화하는 이념의 허구에 대한 반발이었지만, 이동영은 이념이 실현된 후의 권력과의 괴리에서 전향하기 시작한다는 점일 것이다. 그가 오웰처럼 종국에 가서 취하게 되는 휴머니즘과 민족주의는 이 소설의 앞부분에서 먼저 김철에 의해 제기된다. 대륙의 독립군에 참여하여 그 용감성을 일찍부터 인정받은 김철은 서울을 빼앗기고 퇴각하는 시기에, 빨치산 부대를 지휘하는 자기의 휘하 군관으로 부임한 유학 시절의 친구 이동영에게 마르크스-레닌주의야말로 "한낱 가면이며 수단에 지나지 않는다"는 자신의 신념의 변화를 고백한다. "단 한 번도 내 행위의 정당성을 의심해본 적이 없"고, "언제나 역사의 편향성을 내세워 부하들의 잔혹 행위까지도 부추겨온," 그러니까 오웰과는 반대편에 서서 그랑 인텔리겐치아적인 신념으로써 이념과 실천, 역사와 개인을 하나의 묶음으로 바라볼 수 있었던 김철은 동영에게 이렇게 말한다:

[……] 세상에는 주의니 이즘이니 하는 이름이 붙어 있어도 엄

밀한 의미에서 이념이 될 수 없는 것이 둘 있네. 종종 상반되기도 하는 그 둘 중 하나는 민족주의이고 다른 하나는 휴머니즘이지. 그것들은 결코 별개의 이념이 될 수 없어. 어떤 이념도 그 둘 중의 하나 또는 그들 모두에 의지하지 않으면 성립될 수 없는 최소한의 바탕이나 인간 정신의 본질적 구조 같은 것이기 때문이며 오히려 나머지 다른 이념들이야말로 그 둘의 도구거나 수단일 뿐이네. (p. 73)

김철이, 후의 이동영에게서도 마찬가지로 나타나지만, 어떻게 해서 "혁명과 유혈에 대한 열정과 희망"이 사라지고, "아는 것은 다만 마비와도 같은 둔감, 까닭 모를 공포와 혼란, 그리고 끝 모를 무력감……"(p. 36)에 빠지게 되었는지, 그래서 사회 개혁을 이념적 실천과 체제─제도의 실현으로 이루어낼 수 있으리라고 믿어온 신념으로부터 '인간 정신의 본질적 구조'의 '원리'로 환원되어야 했는지 그 구체적인 동기는 분명하게 서술되고 있지 않다. 이동영의 경우, 발언으로써는 마르크시즘의 이념적 허구를 통박하고 있지만, 소설의 전개 과정으로써는 권력의 핵심적 지위에서 내쫓김당함으로써 이데올로기 체제에 대한 이탈이 시작되는 것으로 보인다. 아마 여기서 우리가 주의할 것은 이념적 허구에 대한 이탈이 그의 개인적 몰락과 보기보다는 그리 큰 거리를 갖고 있지 않을 것이라는 점이다. 왜냐하면, 현실적인 낙오와 정신적 이탈은 서로 결과와 원인으로 교호 작용을 일으키는 것이기 때문이다. 여하간 그의 모호한 동기는 '동영의 노트'로 길게 서술된 논설문 부분이 소설의 내면 속으로 형상화되었더라면 보다 선명한 지식인의 내적 추이로 구체화될 수 있겠지만,[2] 그것이 어떻게 처리되든 이 주인공이 이념과 실천의 괴리를 발견하고 이념에 집착하기보다 실천의 비극적 현장으로 옮겨갔다는 점은 오웰과 마찬가지의 경향을 갖는다. 다만 그는 오웰과 달리, 이 옮겨감을 스스로 의식하고 있었고 그것이 '변절'로 이해되며 "변절은 지금까지의 나를 포기"하는 것을 뜻하며 그래서 "지식인답게 해주는 자존심" 때문에 대안으로서의 자유민주주의를 선택하지 못함으로써 '대안 없는 비판'의 '청승맞은 험구'로 무력해지고 만다는 지식인의 딜레마를 강조하고 있는 것이다 (p. 644).

IV

『아리랑』에 대해 나는 거의 신비적인 선입견을 갖고 있었다. 20대에 누군가로부터, 대륙을 누비고 다닌 한국의 한 아나키스트의 전기가 서양인에 의해 씌어진 것이 있다는 말을 듣고 그것

---

2) 소설적으로 보더라도 이 부분의 처리는 약점으로 보인다. 사소한 오류를 하나 더 지적한다면, 화폐 단위의 환(圜)은 1952년의 화폐 개혁 이후에 통용되었기 때문에 이보다 앞선 시기에서의 화폐 단위는 원(圓)이었고 이것은 소설에서 교정되어야 할 것이다. 그리고 인용된 성서 구절은 60년대 후반에 개역된 문장이며 50년대의 것은 아니다. 그러나 이 같은 몇 가지 지적으로 이 소설의 문학적 성과가 훼손되지는 않는다.

에 대한 낭만적인 호기심을 가진 바가 있었지만 아무도 그 책을 갖기는커녕 내용을 안다는 이야기조차 들은 적이 없었기 때문이었다. 이 전기를 직접 읽으면서 김산이란 주인공이 매우 매혹적인 인물이며 그가 헤매고 다닌 사상적·공간적 궤적들 자체가 오늘의 우리로서는 상상하기 힘든 자유로움을 갖고 있어서 나의 낭만적인 선입견에 상당 부분 들어맞는 모습을 보여주고 있었다. 10대에 무정부주의자가 되고 혹은 광동 코뮌에 참가하고 해륙풍(海陸豐)이란 처음 듣는 중국땅에서 패주하여 사경을 헤매며 중국 여인과 사랑도 하고 헌신적인 여인과 결혼을 하며, 시인이고 혁명가이고 항일 독립 운동가이며,[3] 지식인이자 매우 품위 있는 인간성을 지녔고 그리고는 신화적 존재처럼 어디론가 사라졌다…… 이 책에 대해 대학 신문의 여러 곳에 독후감이 실린 것을 보면 김산이란 인물에 대해 감동을 받은 것은 물론 나뿐이 아니었던 것 같다. 그러나 앞서 나는 "상당 부분 들어맞았다"는 말로써 유보를 두었지만, 그의 생애보다 10여 년 더 산 나이에 그의 전기를 본 탓인지, 전폭적으로, 꿈꾸듯이, 그의 생애를 들여다보게 되지는 않았다고 말하는 것이 정직할 것이다. 내게 그렇게 생각이 든 것은, 그가 살아서 생각하고 활동하던 시기, 그

---

3) 지나는 길에 지적하고 싶은 점은 우리의 항일 독립 운동사는 상해 임시 정부에서 그 정통성을 찾고 북에서는 김일성의 우상화 쪽으로 흡수시켜버림으로써, 아마도 수적으로나 그 성과의 비중에 있어 그들에 못지않을 제3의 항일 투쟁에 대해서는 별로 학문적인 정리가 없는 것 같다. 이 점은 공정한 역사 기술을 위해 극복되어야 할 것이다.

가 추구하고 혹은 발디딘 격렬한 이념 체계와 이그조틱한 공간이 나의 그것과 다르다는 현실적인 나의 입장을 두둔하려는 때문만은 아니다. 그는, 많은 그리고 매우 폭넓은 독서를 했고(이 전기의 필자가 그를 만나게 된 계기를 갖게 된 것이 도서관의 도서 이용 카드를 보고서였다), 사회주의와 독립 운동의 지도자로서 전반적인 정세를 파악할 수 있는 입장에 있었지만, 그러나 그의 정세 판단은 객관적이라기보다 독학자의 어떤 편벽된 경향을 갖고 있는 것으로 느껴진 때문이다. 가령, 이 책의 저자 님 웨일즈와의 대담에서, "한국 노동 계급과 만주의 유격대 운동 사이의 긴밀한 관계는 물론이요, 한국 노동 계급과 일본 노동 계급 사이의 긴밀한 관계 때문에도 얼마 안 있으면 한국 혁명이 극동에서 아주 중요한 요인으로 등장할 것"(p. 17)이라든가, 일본이 패배한다면 "일본은 중국·한국과 손을 잡고 강력한 민주 혁명 연합에 동참할 것"(p. 19)이라고 말한 부분이 그렇다. 해석하기에 달려 있겠지만, 그의 예측이 이후의 역사에 들어맞는 것으로 보기에는 무리가 있을 것이며, 중요한 것은 그것이 무산 계급 운동가로서의 희망이 아니라 정세 판단의 객관적 결론으로 단언되고 있다는 점이다. 30년대 중반에 그 같은 판단은 가능한 정도를 넘어서 탁월할 수가지 있을지 모르지만, 오늘의 우리의 입장에서는 자본주의 세계에 대한 인식 없이, 그러므로 공정하다고 말할 수 없게끔, 편향된 시각으로 바라본 전망임에는 분명하다.

그것은 그가 몸담고 있었던 조건의 탓이며 하나의 이념에 몰두하여 그 밖의 것들에 대해서는 사상시켜버릴 수밖에 없었던 입장에 의한 때문일 것이다. 어떻든간에 이런 점 때문에 김산으로부터 받은 저자의 감명이 줄어들 리 없으며 그에 대한 나의 관심이 뒤틀려서는 안 될 것이다. 나로서 그에게 매우 주목하고 있는 것은 그가 이동영이나 오웰과는 달리, 이념의 실천 과정중에 야기될 수 있는 비인간적인 현상들에 대해, 그것을 개인적 휴머니즘으로 환원시키기보다 이념적 휴머니즘을 성취시키는 데 필요한 대가로 평가하고 있다는 점이다. 가령, 그는 굶주림이나 병듦, 동지로부터 배신당하거나 투옥되어 고문을 당할 때, 혹은 사랑을 느끼거나 결혼을 할 때 등, 인간의 개인성에 대한 환기가 요청될 때마다 그는 개인의 차원으로 수렴시키는 것이 아니라 이념의 집단성·역사성으로 끌어올린다. 그리하여 동료가 자기를 첩자로 모함하여 곤경에 빠뜨렸고 그는 그에 대해 복수를 시도할 경우, 또는 유령이란 중국 여성이 사랑을 고백하여 그를 매우 순진한 청년으로 수줍게 만들 경우에도 혁명가로서의 그의 이념은 애증의 감정을 가진 한 인간으로서의 그의 실제 사이에 아무런 괴리를 보여주지 않는다. 그는 나아가, 유령의 구애를 수락하면서, "겨우 어제까지만 해도 나는 인류의 짐을 어깨에 지고 있지 않았던가?"(p. 206)라고 개인적 안락에 머물지 않으려는 결심을 환기하며, 자살에 유혹을 느끼는 극도의 절망 상태를 마침내 이겨내고서, 그는 "추종하는 자는 책임 없이 행동할 수 있지만 지도하는 자는 역사적 결정의 무거운 짐을 지고 있다. 나는 더 이상 추종자가 아니다—〔……〕 이니시어티브를 잡고 시도하는 것이 내 임무인 것이다"(p. 247)라는 보다 굳건한 자기 확신에 도달한다. 님 웨일즈의 소개대로라면, 그는 시를 썼고 투고해서 원고료도 받았으며 『백의민족의 그림자』라는 저서를 쓰기 시작했으며(p. 21), 많은 문학 작품을 읽었고 그 중에도 잭 런던을 가장 좋아하는 세련된 문화인이었지만, 이동영처럼 결코 "원고지 속의 몽상가"(『영웅시대』, p. 72)는 아니었으며 행동과 그 행동으로 말미암은 고통을 통해서 휴머니즘을 개인적 차원이 아닌 '공통의 동기' 쪽으로 발전시키며 이데올로기의 실제에서 빚어지는 오류들에 구속되지 않는다. 그는, 그의 말대로 하자면, 그가 '경험했던 비극과 실패'가 그를 파멸시킨 것이 아니라 '강하게' 만들었으며 강자의 철학을 그에게 확신시킨 것이다.

〔……〕 억압은 고통이요 고통은 의식이다. 의식은 운동을 의미한다. 인간 그 자체가 다시 태어날 수 있으려면 수백만이란 사람이 죽어야 하고 수천만 명의 사람들이 고통을 받지 않으면 안 되는 것이다. 나는 이 객관적 사실을 받아들이고 있다. 유혈과 죽음의 광경, 그리고 어리석음과 실패의 광경은 더 이상 미래에 대한 나의 통찰력을 가로막지 않는다. (p. 287)

김산이 강자의 철학에 도달하고 이념의 실천에 따르는 비참함과 오류의 손실을 역사의 대세 속으로 끌어들여 명분화시킨다

해서, 그러나 문제가 해결되는 것은 아닐 것이다. 그것은 우리가 오웰과 이동영에 대해 가할 수 있었던 의문들의 반대 질문만으로 한정되지 않는다. 보다 큰 문제는 역사와 이데올로기라는 것이 그 이념의 실현으로 완성되는 것이 아니라, 그곳에서 새로이 시작하고 있다는 점이다. 김산의 말대로 역사가 여기서 완성된다면 유혈과 죽음, 어리석음과 실패도 그 완성 속에서 대가를 획득한다. 그러나 그것이 종말이 아니라면 비극과 불의의 대가는 그만큼 천연될 것이며 진상이 이렇다면, 역사는 역사의 진행 자체가 역사이며 이념은 이념의 실천 자체가 이념이 되어야 한다는 결론에 부닥친다. 그러니까 도달하지 못한 미래의 역사를 위해 지금의 역사가 희생되어서도 안 되고, 결코 완벽하게 성취될 수 없는 것이 이념의 목표이기 때문에 (성취된다면 그것은 유토피아의 세계이고 유토피아는 어원 그대로 그것은 이 세계에 존재하는 것이 아니다) 목표 자체가 수단이 되어야 한다는 뜻이다. 그렇지 않다면, 역사와 이데올로기라는 이름으로 자의(恣意)적인 폭력 행사의 길은 얼마든지 열려 있을 수 있게 된다.

이 문제에 대해서는 로자 룩셈부르크가 보다 유연하고 아름다운 인간성을 보여준다. 그녀는 자본주의의 폭력에 대항하기 위해서 프롤레타리아 역시 그보다 강한 힘으로 맞서야 하며, 그러기 위해서는 "무기를 준비해야 할 것이며 그 무기의 사용법과 승리할 수 있는 전술을 배워야 할 것"(p. 315)을 강조하고 있다. 그러나 로자에 대한 연구서를 통해 프뢸리히는 그녀가 러시아 혁명중에 자행된 테러에 대해 "얼마나 아프게 생각하는지"를 보여주면서 독일 노동자들에게 생사를 건 투쟁에서 "도덕적으로 스스로를 무장하고 깊은 책임감을 느끼고 행동하기를"(p. 314) 호소하고 있는 예로서 다음의 구절을 인용하고 있다. "[……] 그러나 프롤레타리아 혁명에서는 목적 달성을 위해서 테러를 필요로 하지 않는다. 오히려 살인을 증오하고 경멸한다. 왜냐하면 이것은 개인들에 대한 투쟁이 아니라 제도에 대한 투쟁이기 때문이다. 그것은 나이브한 환상의 투기장 속에 빠지지 않기 때문에 실패에 대한 복수심으로 살인적 테러를 할 필요가 없다"(p. 313). 로자의 이 말에는 혁명의 도덕성을 강조함으로써 이념의 실천이 이념 자체를 배반하지 않도록 하는 간곡한 충고가 들어 있으며, 그녀가 낙관적으로 이렇게 주장할 수 있는 데에는 프롤레타리아 혁명이 반드시 테러 없이도 역사적 성취를 이룰 수 있다는 결정론이 도사려 있는 것 같다. 물론 그녀는 그것이 '운명적인 시도'가 아니고 "역사적 필연성을 역사적 현실로 바꾸어놓기 위한 부름을 받은 수백만 민중의 자각에 의한 행동"(p. 313)에 의한다고 함으로써 자연적 결정론의 함정에 빠져들지 않고는 있다. 그러니까 로자는 혁명의 와중에서 테러는 요구되지만 테러 행위는 퇴치되어야 한다는 아슬아슬한 선택을 취급하고 있으며, 그럼으로써 이념을 그 실천에 있어 도덕성으로 보호하고 그 실천을 혁명의 결정론으로써 수행시킬 수 있다고 믿었던 것이다. 그것은 김산이 폭력을 이념의 실천에 필연적인 부속물로 끌어들인 것과는 달리, 그리고 오웰과 이동영이 이념의 실천에서 야기되는 부정적 측면들 속으로 이념을 함몰시키는 것과는 무관하게, 테러 행위(테러 그 자체가 아니다)를 이념의 실천으로부터 떼어내 다른 도덕적 차원으로 처리해버린다. 그러므로 그녀는 테러를 인정하면서 그녀가 비판하는 테러 행위 때문에 자신의 이념에 대한 신념을 저해받게 만들지 않는다.

나는『로자 룩셈부르크의 사상과 실천』을 보면서 그녀가 태어난 폴란드와 그녀가 활동한 20세기초를 전후한 독일의 정황에 대해서 잘 모르고, 더욱이 그녀의 커다란 학문적 업적인『자본축적론』을 둘러싼 경제 이론과 사회주의 사상들간의 날카로운 이념적 대결에 대해 무지함을 실감하면서도, 이념적 지식인이자 실천적 행동가로서뿐 아니라 한 인간으로서의 로자가 매우 뛰어난 인물임에 깊은 감동을 받았다. 그것은 지도적 행동가라든가 과격한 이념가라는 인물들에 대해서 갖는 우리의 일반적인 선입견을 그녀가 무너뜨리는 데서 얻어진 것이다. 가령 그녀가 경찰에 수감되던 첫날에 대해 쓴 편지에서 "슈미즈를 벗어내리고 몸 수색을 당할 때" 눈물을 참을 수 없어하며 두려움에 떨었다고 고백하면서 "생명은 부드럽고 즐겁게 다루어져야 한다"고 말하는 것(p. 254), 충격과 고통에 시달리면서도 "사람은 불가능한 일을 해야 할 의무는 없다"는 격언을 인용하면서, 프랑스 혁명의 격동기 속에서도 괴테가 "침착하게 평온한 지성을 가지고 식물의 변성과 유색체를 연구하고 천 가지도 넘는 연구를" 하고 있었음을 존중한 것(pp. 272~73), 그리고 문학에 대한 다음과 같은 설명을 들을 때 그녀의 지성과 인간성, 이념과 문화에 대한 인식이 어느 높이에 이르러 있는가를 엿볼 수 있게 한다.

'반동' 혹은 '진보' 등 판에 박인 용어들은 예술에 있어서는 큰 의미를 갖지 못한다. 도스토예프스키는 특히 그의 후기 저작에서 반동을 선언, 신비주의에 기울고 사회주의자들을 증오하게 된다. 〔……〕 톨스토이의 작품에 보이는 신비주의적인 교훈은 적어도 얼마간은 반동적인 역할을 하고 있다. 그러나 이 두 작가의 작품들은 우리들을 자극시키고 교화시키고 해방시키는 역할을 해왔다. 결론적으로 말하면 그것은 그들의 출발점이 혁명적이어서도 아니고 사회의 증오와 옹졸함과 계급 의식적인 이기주의, 그들의 사상과 감정을 지배하는 기존 질서를 옹호하는 생각 때문도 아니요, 반대로 그들의 작품이 인간에 대한 끝없는 사랑과 사회 불의에 대한 깊은 책임감 때문이었다. 〔……〕 실은 진정한 예술가의 작품에 사회를 정화시키는 기능은 오히려 2차적인 것이다. 예술가의 진정한 밑바탕이 되는 것은 그가 의식적으로 설정한 목적이 아니라 활기찬 인간 정신이며 이 점이 무엇보다 중요한 것이다. (p. 225)

그녀의 정신과 그녀의 인간성은 대체로 이런 식으로 아름답게 조화되어 있다. 그녀는 프롤레타리아의 계급 혁명을 위해 이념적으로 투철하고 이론적으로 명쾌하며 실천에 있어 일생을 투신하고 강경성을 보였지만, 그렇다 해서 그녀를 태어나게 했고 그녀가 적대적으로 취급해온 부르주아의 보편화된 가치관——휴머니즘과 세련된 인문주의적 교양·예술관을 희생시키려고 하지는 않았다. 다시 한번 강조하자면, 부르주아 체제는 전도시켜야 할 것이지만 부르주아 세계관의 미덕은 존중하고 있었다. 이 점에서의 그녀의 고결함은, 그리고 이념과 실천간의 괴리를 인정하지 않는 그의 타고난 그랑 인텔리겐치아적인 심성은 그녀의 이론 투쟁에서도 매우 도덕적이고 원칙론적이며 선명하게 만들었던 것 같다. 그녀가 가령 카우츠키나 레닌과 논쟁하고 반박하게 되는 배경에는 그들이 실천적인 전략의 수행을 위해서 이념 자체를 일그러뜨리려 한다는 비판이 숨어 있었다. 그랬기 때문에 그녀의 주장은 뜨거운 동조를 받지만 그 지지자는 항상 소수였고 그녀는 고집센 강경파로 낙인찍히는 것이다. 인간성으로서나 이념가로서, 지성으로서나 이론가로서 매우 뛰어났음에도 불구하고 그녀가 현실적으로 그러했다는 데에 아마도 그녀에 대한 또 다른 문제가 제기될 것이다. 앞서 테러에 대한 그녀의 글을 인용한 바 있지만, 그녀가 테러리스트에 가한 나이브하다는 비판은 적어도 현실적인 측면에서 그녀에게 되돌려질 수 있는 것이다. 혁명에 과연 테러 행위가 부연되지 않을 수 있을까, 테러와 테러 행위가 그 실제에 있어서는 어떻게 분간될 수 있을까 하는 문제는 러시아 혁명 이후의 숱한 이념적 사건 속에서 언제나 제기될 수 있는 물음이었다. 실제의 역사는 결코 그녀의 희망대로 따라주지 않았다. 그렇다면 역사와 혁명이 잘못된 것인가? 로자의 입장에서는 그렇다는 대답이 나올지도 모른다. 그러나 진행된 역사와 이념이 늘 그렇다면 그녀는 역사와 이념을 이상주의적으로, 투명한 도덕성으로 바라본 것일 것이다. 로자 룩셈부르크의 지식인으로서의 가장 큰 비극은 그의 이론이 선명하면 선명할수록, 이상주의적이면 이상주의적일수록, 실제와의 거리가 점점 멀어진다는 이념의 숙명적인 성격에 있는 듯하다. 이념이 첨예하게 결정화되고 정수화될수록, 실제의 인간사를 짚어내는 면적이 좁아진다는 것은 그것이 비켜낼 수 없는 진실이다. 사실 그 후의 역사는 룩셈부르크의 예상을 비켜나서 달리 진행되어갔음을 우리는 얼마든지 말할 수 있을 것이다.

V

프롤레타리아 계급 운동에서 가장 큰 아이러니는 자신의 계급에 대한 정체적 자각과 그 실천이 그 자신들에 의해서가 아니라 다른 계급, 특히 (프티)부르주아 출신의 지식인들에 의해, 적어도 촉발되었다는 역사적 사실일 것이다. 승려와 귀족, 그리고 부르주아 계급은 자신들의 계급적 주장을 그 자체로써 표명하고 현실화시켰음에도 불구하고, 프롤레타리아는 좌파 지식인들에 의해 각성되고 표명되며 혹은 그들의 지휘 아래 운동적 실천을 하게 된 것은 마르크스와 엥겔스 이래 거의 전통화되어 있다. 우리가 살펴본 네 사람의 경우도 예외는 아니어서 이동영은 지주의 아들이었고 로자 룩셈부르크는 유태계의 중산층 딸이며, 오웰은 대학 교육을 포기했음에도 부르주아 출신이고, 김산은 넉넉하지는 못했지만 그러나 프롤레타리아 출신으로는 볼 수 없는 인물이다. 여기서 제기될 수 있는 중요한 문제는 앞에서 프롤레타리아의 계급적 자각이 '적어도' 중산층 지식인에 의해 '촉발'된다고 말했지만, 노동자 계급에 있어서 중산층 지식인의 역할을 어느 정도 강조할 수 있겠는가이다. 무산 계급의 사회에서도 지식인의 역할이 적어도 '촉매'적인 몫을 맡고 있음을 인정하고 있으므로 최소 기준을 여기서부터 잡는다 하더라도, 촉매 기능에서 더 나아가, 그들의 의식화에 비전을 제시하고 체제 개혁 후의 실천적 과정에까지 영향력을 행사할 것인지, 또는 보다 적극적으로 운동의 주도권을 장악하고 프롤레타리아 계급을 지도하는 권력자로까지 지탱되는 것인지 분명치 않으며, 그것도 노동 계급이 체제 개혁을 추구할 때와 그들이 집권한 이후의 경우로 나누어볼 때 한결같지는 않은 것 같다. 또한 계급 운동에서 프롤레타리아와 부르주아 지식인간의 제휴가 이루어졌을 때, 양자간의 신뢰도 혹은 일체감이 어느 정도일 수 있겠는가도 분명치 않다. 노동자들이 지식인을 진심으로 수용할 수도 있을 것이며, '촉매'로서만 인정하고 출신 계급적 성분 때문에 궁극적인 일체감은 허락하지 않을 수도 있겠기 때문이다. 그것은 지식인들 자신의 문제이기도 하지만, 노동자 계급 자체의 성격과 지향에도 관련되는 것이기도 하기 때문에 어떤 뚜렷한 한 가지 대답은 불가능할 것이다.

 여하튼, 노동자 계급을 위해 이념과, 특히 실천에서 노력하는 부르주아 출신의 지식인들이 흔히 갖는 딜레마는 대체로 여기서 발생하는 것 같다. 이들은 자신이 태어나고 교육받으며 그들에게 세계관을 부여한 부르주아 계급에서 이탈하여 때로는 우스꽝스럽고 야만스런, 그러나 때로는 지혜롭고 우람한 힘을 가진 '변덕스런' 다른 계급을 위해 투신하지만, 그 계급적 속성 혹은 서두에서 말한 집단적 유전성의 근원적 차이 때문에 계급간의 한계적 상황에 빠진다. 이 상황에서 지식인들에게 달겨드는 질문은 계급간의 장벽을 넘어서 그들은 노동자 대중과 얼마나 일치감을 느낄 수 있는가, 그리고 이념의 실천이 그들의 비전과 얼마나 일치할 수 있는가이다. 오웰과 이동영은 그 일체화와 일치감의 획득에 실패하고 자신의 출신 계급의 세계관으로 되돌아간 경우로 보이고 룩셈부르크와 김산은 서로간에 그 수락의 차이가 있음에도 불구하고, 그것들을 유지해간 경우로 해석된다. 이 회귀와 지탱의 차이가, 그들 개개인의 개인적 차이 때문에 비롯된 것인지 어떤 다른 이유가 개재해 있기 때문인지는 분명히 갈라질 수가 없다. 나는 오웰이나 이동영이 로자와 김산보다 반드시 지적 수준이나 인간적 의지가 못하다고 단언할 수 없을뿐더러, 우연인지는 모르겠지만, 로자와 김산이 혁명을 향해 일으켜나가던 시기의 운동가들이었고, 오웰과 이동영은 범박하게 말해서 노동 계급이 현실적인 권력을 장악한 이후의 권력-현실적 상황 속에 놓여 있다는 객관적 정세의 차이가 있기 때문이다. 이념의 실천 단계에 따라 지식인의 반응이 다를 수 있다는 것은 이상주의의 추구와 이상주의의 실현이 같을 수 없다는 일반적 사실과 연결될 수 있는 것이며 김산과 로자 룩셈부르크에 대해 우리가 검토할 때의, 역사의 종말이 아니라 역사의 진행이 역사라고 지적한 바의 진실성을 환기시킨다.

실제로 오늘의 역사는 부르주아 체제가 지속되는 사회와 프롤레타리아 체제로 바뀐 사회로 대별되고 있는데, 나는 프롤레타리아 자신들이 어느 체제 속에서 보다 행복감을 느끼는지, 자기 계급에 대한 정체감을 자부할 수 있는지 자신있게 말할 수 없다. 그들이 주체적인 계급으로 성취된 것으로 주장하는 체제 속에서는 새로운 관료주의와 생산의 비능률성이라는 함정에 빠져 있고 그들이 시혜적인 관용으로써 경제적·정치적·사회적 지위 향상을 받은 사회에서는 안락의 대가로 무책임성을 지니게 되었기 때문이다. 지식인들은 여전히 자기들이 싸워야 할 문제점들과 부닥쳐 있는 것이다. 여기서 서구 지식인들은 자유와 대의제를 통해 문제 극복에 개량주의적인 입장을 취하게 된 것 같고 동구 지식인들은 무산 계급에 통합되면서 기능적 역할을 수행하게 된 것 같다. 그것은 서구에서는 자본주의적 세계관의 지탱 속에 부분적 개선을 요구하게 되고 동구에서는 그것을 부인하는 입장에서 자본주의의 장점을 도입하는 징조를 조금씩 보이기 시작하는 것과 대조된다. 큰눈으로 보자면, 이념의 이러한 상황은 '이데올로기의 종언'까지는 아니라 하더라도 그 양상의 변화를 느끼게 하는 것은 사실이다. 여기서 보다 관심을 끄는 문제는 오늘의 사회 체계가 계급이란 관념을 계층이란 관념으로 수렴시키고 있다는 추세이다. 그것은 한편으로 소비재의 대량 생산으로 사회 구성원을 생산 관계에서 파악하기보다 소득─소비 수준으로 계층화하는 것이 실질적으로 되었으며 다른 한편 신중산층 인구의 급격한 증가로 계급 개념은 모호하게 되었다는 점, 그리고 교육·문화 및 복지의 증가로 노동자 계급에서 신분 이동의 기회가 늘어났을 뿐 아니라 타계급에 대한 불평등 의식이 상대적으로 감소되었다는 점이다. 이런 추세는 한편으로는 부르주아 세계관의 보편화를 향한 확대를 추진하면서 지식인들의 과격화를 누그러뜨리는 효과를 갖는 것 같다. 서구 지식인들에게 더욱 다행한 것은 자유와 대의제로써 자신들의 이념을 합법적으로 표명할 수 있는 제도적 장치를 확보하고 있다는 점이다.

나는 여기서 어떤 결론을 도모하려고 하지 않는다. 세계는 복잡한 것이며 지식인의 대결 상황은 착잡한 것이고 진실이란 측면이나 역사─이념적인 측면들이 일의적인 해석을 수락하지 않기 때문이다. 다만 내가 최근에 읽은 책들을 통해서 환기받은 바는 지식인으로서의 우리의 인식의 폭을 넓히고, 지식인의 몫이 무엇이며 그 속성과 기질은, 특히 계급적 성격과 관련지어, 어떤 것인가를 정직하게 반성해보아야 한다는 것이다. 그것은 신비화를 거부하면서 자기 콤플렉스에 젖어들지 말기를 요청하는 것과 다름아니다. 지식인이 이럴 수 있을 때, 그러니까 환상에 빠지지도 않고 공동체적 관련성을 저버리지도 않을 수 있을 때, 자기 계급에 충실하든 그것에서 이탈하든 진정하면서도 실질적인 기능을 획득할 수 있을 것이다. 이러한 자기 성찰과, 이념―실제간의 성실한 인식의 과제는 우리 지식인에게 또 하나의 어려움을 첨가하는 것이 될 것이다. 〔1984. 겨울〕

지성의 형성과 패배
—해방 이후의 정신사

I

8·15의 '해방'이 '혼란의 극'으로 이해되어야 한다는 것은 오늘의 우리에게 가장 커다란 슬픔이다. 시계추의 법칙에 의해 급격한 단층적 변화가 구질서의 경화도(硬化度)에 따라 그만큼 멀리 반동 작용을 일으키고 있는 현상은 프랑스와 러시아의 혁명으로 이미 입증되었고, 역사적 변혁을 명예혁명 정도로 진정시킬 수 있었던 영국사에서도 반증된다. 그런 만큼 "한국 사회에 가장 원초적인 해방"(김붕구, 「한국의 지식인상」, 『신동아』, 1968년 3월호)이었던 8·15가 어느 정도의 격동을 수반했다 해서 그것이 결코 부정적 시각만을 허용하지는 않을 것이다. 오히려 혼란이 일으킬 약간의 사회적 낭비를 설령 비난한다 하더라도 혼란이 배경으로 하고 있는 지적 분방함, 이데올로기와 사상의 자유로움, 주의와 신념의 활력화를 통해 그것은 보다 높은 차원의 발전으로 이월될 수 있으리란 기대를 부여하는 것이다. 그럼에도 불구하고 우리는 8·15의 감격을 회상할수록, 당시의 국민들에게

안겨주었던 환희와 기대를 재음미할수록, 그것은 오늘의 암담한 현실에 대한 원초적인 병원체란 혐의를 갖게 되고, 현재의 심화된 좌절감과 패배주의가 8·15의 실패에 근원하고 있다는 원망을 두텁게 해주는 것이다. 그것은 시계추의 움직임으로 역사 변혁의 법칙을 설명하려는 일반론에서 맛볼 수 없는 보다 근본적인 슬픔이다. 아마 분명히 우리 세대가 변혁의 법칙에 희생되었다는, 단순한 주관적인 감상만은 아닐 것이다. 그것은 다른 역사에서 찾기 힘든 비참한 현실인 것이다.

6·25 직전 오종식(吳宗植)은 "엄밀히 말해 사상적 기조의 확실성이 의심스럽다"는 전제에도 불구하고「해방 후의 사상 동향」(『신사조』, 1950년 5월호)을, 공산주의·민주주의·민족주의의 세 갈래로 나누고 있다. 이제 돌이켜보면, 해방 이후 5년 동안의 추세를 정리한 이 글은 때로는 단편적이고 곳에 따라 오해한 부분이 있음에도 불구하고 비교적 정확하게 관찰하면서, 특히 공산주의의 경우 "타도할 상대 계급이 소수의 부재 지주에 불과한 만큼 공산주의 혁명이 이 땅에 이루어질 하등의 조건이 없다"고 지적함으로써 계급 혁명의 실패를 단정하고, 민족주의는 "모든 약소국들은 공산주의 체제를 취하든 민주주의를 취하든, 민족주의 경향으로 지향한다" 하여 중립적인 관심을 보였고, 민주주의는 유형화할 수 있으되 철학 체계와 같이 도식화하기는 곤란하지만 "인간 본성의 역사적·사회적 표현이요, 정치·경제적 실천"으로 정당하게 파악하고 있다. 20여 년 전의

당시만 하더라도 그의 판단과 예측은 확신에 차 있었을 것이다. 그러나 그 직후의 6·25, 그리고 60년대초의 4·19와 5·16의 사건들은 그의 확신을 완전히 무산시켜버린다. 공산주의는 비록 자유 대한 밖에서이지만 그만큼 확실하게 한반도 안에서 한민족에 의해 정치 체제로 존재하고 있으며, 해방 후의 민족주의자와 공산주의자의 이데올로기 대립은 6·25를 통해 체제의 물리적 대결로 경화된 것이었다. 휴전 후 이 대결은 시간의 흐름과 함께 더욱 고착화됨으로써 사태는 40년대 후반부터 훨씬 퇴화했다. 이처럼 양분된 상태에서 과연 기본적인 의미에서의 민족주의가 형성될 수 있을까. 아마 민주주의는 가령 서독에서처럼 가능할 수도 있었을 것이다. 그러나 민주주의가 '실천' 되지 않았기 때문에 4·19가 일어났던 것이며, 그리고 그 '학생의 핏값'에도 불구하고 현상은 거의 개선되지 않았다. 8·15 직후보다 더욱 악화된 것은 당시의 민주·민족·공산주의의 이데올로기는 적어도 형식적으로나마 두 개씩은 결합될 것으로 믿어 민족적 민주주의, 혹은 사회주의 민주 국가의 캐치프레이즈를 내세울 수 있었으나, 오늘에는 3자가 서로 적대 관계에 놓인 것으로 이해되고 있다는 점이다. 여기서의 관점은 두 이데올로기가 결합할 수 있다는 가능성 자체에 있는 것이 아니라, 그 가능성을 믿거나 또는 탐구하려는 정신의 개방성에 둔 것이다.

결국 우리에게는 8·15 직후의 이데올로기적 대립이 오늘의 체제적 대결로 경직·악화되었을망정 당시의 사상적 혼란과 무지향성은 여전히 최대의 과제로 남아 있다. 거의 한 세대의 시간이란, 사태를 내리막길로 몰고 가는 데에만 사용된 것이었다. 왜 그랬을까. 우리는 왜 패배했는가. 우리는 왜 악순환만 거듭했는가. 이 같은 근본적인 질문에 대한 하나의 해답은 결코 불가능한 것이다. 민병태(閔丙台)는 주체적으로 극복되기를 희망한 독립·민족주의·민주주의·전쟁(공산주의와의 이데올로기전)이 '주어진' 것이라는 데 그 원인을 찾고(「6·25의 현대사적 의의」, 『신동아』, 1970년 6월호), 김붕구는 "가장 원초적인 해방"이어서 "사회 질서의 핵으로서의 통치 권력과 온갖 정신적 권위의 붕괴 상태," 그리하여 "열린 민족 안에서 무수히 보다 낮은 '닫힌 사회'를 만들었고, 저마다 그것을 찾아들어 분립"(전기 논문)하는 데에서 접근하고 있다. 우리가 실패한 원인은 민병태의 외적 여건과 김붕구의 내적 갈등의 두 측면으로 파고드는 것이 합당할 것이다. 그러나 여전히 한 가지 문제가 지성사의 입장에서 제기된다. 즉 당시의 지식인들은(그들의 대부분이 정치 사회적 지도자를 겸하고 있었지만) 왜 '주어진' 것들을 자기 것으로 주체화시킬 수 없었는가. 왜 정신적 권위의 붕괴를 막거나 혹은 대치될 권위를 창조해내지 못했는가. 이 질문은 강대국들이 자의(恣意)로 획정한 삼팔선이 미·소의 서로 다른 체제의 군대를 진주시킴으로써 해방과 동시에 분단의 비극을 만들었고, 자유대한에서나마 정통 정부를 수립, 침착을 찾기 시작했을 때 냉전의 분화구가 터졌다는 외적 여건을 다시 한번 환기시킬 것이며, 구질서의 잔재가 하루아침에 제거될 수 없듯이 새로운 권위의 창조가 1, 2년 만에 구성될 수 없다는 일반론에, 무자비하게 교육과 연구를 제한하고 언어와 문자까지 말살하려 했던 혹독한 일본의 식민지 통치 때문이란 특수한 정황에 대한 고려를 재요청할 것이다.

실상 한국 지식인들은 가장 불행하게 해방을 맞았다. 8·15 후 상해 임정 요원의 귀국과 이승만 환국을 정점으로 하여 우리 지식층은 갖가지 성분으로 구성되었다. 지적으로는 세련되었으나 국내 사정이 어두웠던 구미계, '민족의 독립'에 헌신했으나 지적 비전에서 열등감을 느껴야 했던 임정과 광복군 출신, 이데올로기를 민족보다 선행시켰던 노(露)·만(滿)의 사회주의 계열, 온건함은 유지할 수 있었으나 그만큼 용기를 낼 수 없었던 일본으로부터의 귀국자들, 그리고 국내에 남아 있던 지식인들, 그러나 국내파도 민족 진영과 사회주의자 및 실천적인 능력은 있으나 매도당하고 있었던 친일파로 갈려 있었다. 이들은 서로의 출신 성분에 따라 그리고 자신들의 현재 위치에 따라 공동의 기반을 찾기보다 상이한 요소를 발견하기가 훨씬 쉬웠다. 이러한 지식인들의 갈등은 자유민주주의의 미국과 공산주의 혁명의 소련을 각각 실력의 배경으로 삼음으로써 많이 정리되는 한편 그 사이의 균열은 더욱 심각해졌고, 48년의 정부 수립으로 확연히 갈라진다. 지식인들이 현실적인 권력——특히 무정부 상태에서 작용하는 외부의 세력에 등을 기댄 것은 당시의 정황으로 회피될 수 없는 추세였다. 이 내적 요인과 외적 갈등은 지식인을 사실상 무력하게 만들었고, 명쾌하고 자신있으며 권위를 가진 지성의 개발을 불가능하게 했다. 이것은 또한 전통적인 정치 지향의 가치관과 더불어 지식인의 정치적 예속화를 강요했으며, 지식인은 이에 대한 저항에 현실적으로 실패했다. 그러나 여기서 여전히 좀더 주목해야 할 것은, 지식인이 현실적으로 실패한 그 바닥에는 먼저 자신의 내적 패배를 전제하고 있다는 점이다. 그들은 현실적인 권력에 떨어져 있을 경우에도 실패했거니와 권력의 내부에 들어가 있을 때도 실패했던 것이다. 어떤 경우에라도 실패하지 않은 지식인이 있었다면 한국의 지성사는 좀더 화려했을 것이고, 오늘의 악순환은 최소한으로 저지될 수 있었을 것이다. 우리는 8·15의 패배를 지성사로 분석할 경우, 먼저 그들의 내적 실패를 검토해야 할 것이다. 그럼으로써 그들의 현실적 패배가 좀더 자연스레 설명될 것이기 때문이다.

II

8·15가 진정한 민족의 해방일진대 국민들이 함성과 감격으로 '대한 독립'을 맞아들이고, '민족'의 회복을 다시 찾는 기쁨에 들떠 있었던 것은 당연하다. 그러나 꿈에 그리던 독립이 현실로 나타나고, 국민의 통치가 실질적인 문제로 제시되었을 때 지도자들이 품고 있던 민족주의의 비전도 발휘되어야 했다. 당시의 민족주의는 중차대한 과제를 지고 있었다. 대내적으로는 일본 총독부를 접수하고, 이미 혼란의 와중 속에 싸여 있는 정당들을

통합, 구심력을 장악하면서 새로 수립된 정부의 정체(政體)와 정책을 수립하는 한편, 거의 마비되다시피 한 행정력을 소생시켜 질서를 회복하고 전후 처리에 공정한 조처를 취해야 했으며, 문화·사회적으로는 일제 통치가 남긴 잔재와 악덕을 청산하고 단절되었던 전통 문화를 회복해야 했으며, 대외적으로는 해방의 은인으로 등장한 미·소군으로부터 정통성을 가진 정부 수립을 교섭하며, 신탁통치안을 철회시켜야 했다. 특히 사상면에 있어서도, 국제 정치의 작용 여파로 그저 얻어진 해방과 독립을, 쟁취해서 획득한 민족 자신의 주체적인 획득으로 치환하고, 이미 맹렬한 행동력으로 기승을 부리기 시작한 좌익 이데올로기를 현실론과 이상론으로 다 함께 굴복시키는 한편, 앞으로 이 민족이 나아갈 진로와 목표, 이념과 정신을 구상하여야 했다. 그러나 이 많은 과제를 수행하기에는 민족주의자들의 준비가 너무 허약하였고, 이데올로기는 소박하기 그지없었다. 우파의 입장에서 민족주의를 제창하고 이념화할 수 있는 계열은 구미파와 상해의 임정 요원 및 국내의 잔존한 독립 운동가들이었다.

우선 45년 10월에 환국한 이승만과 47년에 잠시 돌아왔던 서재필 등 구미파는 외교 활동을 통해 독립 운동을 했을망정, 정확히 민족 운동에 깊이 빠져 있거나 민족주의에 대한 구상을 갖지 못하고 있었다. 서재필 박사의 「귀국 담화」에서는 민족이란 말이 전혀 사용되지 않았을뿐더러 그 요지는 "민주주의 국가에서 어떠한 것이 선량하고 유용한 국민이냐"의 설명에 주력하고 있으며 이승만 박사의 「대한민국 정부 수립 의회 식사」 역시 "건국 기초에 요소될 만한 몇 조건"으로서 민주주의의 원리 강조에 대부분이 바쳐지고 있을 뿐 민족 또는 민족주의에 대한 언급은 거의 완벽하게 배제되고 있었다. 이 두 사람이 발표한 글이 이미 정국이 어느 정도 안정되거나 정부가 수립될 즈음이어서 민주주의가 민족주의보다 더욱 강렬하게 요청될 시절이었다는 점을 감안하더라도 당시에 여전히 민족주의에 대한 논란이 활발했고, 김구 등 좌·우 합작파들은 열렬히 단일 민족 국가와 수립을 요구하고 있었던 만큼 민족에 대한 관심이 그들에게 그처럼 희박했던 것은 놀라울 정도였다. 민족주의가 종국적으로 자유롭고 행복하며 평화로운 삶을 목표로 하고 있으며 그것이 민주주의를 통해 성취된다 할 때 그들의 민주주의에 대한 집중적인 집념은 이해할 수 있다 하더라도, 그들이 '민족' 대신에 '국민'으로만 접근한다는 것은 당시의 정황에 비추어 현실의 갈등을 깊이 인식하지 못했다는 혐의를 받게 된다. 이승만과 서재필이 왜 '민족'에 대해 무관심하였을까. 여기서는 두 사람의 공통점을 찾는 데서 어느 정도 그 이유가 설명될 수 있을지 모른다. 첫째, 그들은 한말부터 독립협회를 통해 활약한 왕조 시대 출신으로서 당시의 정신 구조에는 민족의 개념이 성립되지 못했다는 것. 둘째, 그들은 전자가 「미국에 끼친 국외(局外) 중립의 영향」으로 박사 학위를 얻은 국제정치학자로서 외교 활동을 통해서만 독립을 얻으려 한 외교가였으며, 후자는 의사여서 민족이란 개념에 회의

적이거나 무지했다는 점. 셋째는 그들이 직접 민족 독립 전투에 뛰어들었다기보다 태평양 건너로 멀찍이 있어 민족의 절규를 현실감 있게 받아들일 수 없었다는 것, 더구나 그들의 망명지인 미국 자체가 인종이나 민족의 개념을 초월한 안락한 민주주의 국가였다는 점들은 그들이 민족주의의 이데올로기 구축자로서는 불합격이었다는 판정을 받게 만든다.

이들에 비해서 '민족 국가'라는 소제목으로 시작되는, 임정 요원의 대표격인 김구의 「나의 소원」은 참으로 감격적이다.

> 네 소원이 무엇이냐 하고 하나님이 내게 물으신다면 나는 서슴치 않고,
> "내 소원은 대한 독립이오."
> 하고 대답할 것이다. 그 다음 소원은 무엇이냐 하면 나는 또,
> "우리나라의 독립이오."
> 할 것이오, 또 그 다음 소원이 무엇이냐 하는 세번째 물음에도 나는 더욱 소리를 높여서,
> "나의 소원은 우리나라 대한의 완전한 자주 독립이오."
> 하고 대답할 것이다.
> 동포 여러분! 나 김구의 소원은 이것 하나밖에 없다. (『백범일지』)

사실, 직접 무력 항쟁을 하고 테러 행위를 선동하며 국내와 긴

밀한 연락을 맺고 있던 임정파로서 자나깨나, 첫째도 둘째도 한 민족의 독립만을 소원해온 것은 어쩔 수 없는 감정이며 그것은 지극히 아름답고 소중한 신념이었다. 백범의 「나의 소원」에 나타난 민족주의적 정신은 "오늘날 소위 좌·우익이란 것도 결국 영원한 혈통의 바다에 일어나는 일시적인 풍파에 불과한 것을 잊어서는 안 된다"고 지적하면서, "소위 사상의 동무와 프롤레타리아의 국제적 계급을 주장하여 민주주의라면 마치 진리권 외에 떨어진 생각인 것같이 말하는" 좌익을 "심히 어리석은 생각"으로 비판할 만큼 철저하고 신념에 가득 찬 것이었다. 뿐만 아니라 그는 정치 이념으로서 자유를 내세우며, 민족주의를 "국민의 의사를 알아보는 한 절차 또는 방식, 즉 언론의 자유, 투표의 자유, 다수결에의 복종"으로 설파하고, 우리나라가 "부강한 나라가 되기보다 아름다운 나라가 되기를" 원하는 투철한 민족적 민주주의를 강조하고 있다. 민족주의 이념의 형성에 가장 많은 가능성을 보이면서, 그리고 임정 주석으로 가장 큰 정치적 정통성을 소유하였으면서도 그의 민족주의는 왜 좌절되고, 정치 지도자로서의 민족주의 실현에 어찌해서 실패했는가. 아마 이 문제는 정치사 쪽으로 질문해야겠지만, 정신사적으로 관찰하자면 그의 소원이 이상에서 현실로 부합되기에는 너무나 간격이 컸던 때문일 것이다. 그는 우파와 그것이 배경으로 한 미국이나, 좌파와 그것이 등으로 업은 소련의 두 진영 사이 중간에서 자리잡고 양쪽의 악수를 희망하고 있었다. 그러나 양파의 대립은 그가 소원한 만큼 그렇게 부드럽지 못했으며, 좌·우 합작에 실패하자 정부 수립에도 참여하지 않았고, 머지않아 우파에 의해 암살됨으로써 그의 소원은 '소원'으로서만 남고 그는 좌절된다. 그의 한계는 독립과 민족에만 지나치게 집념함으로써 전후의 혼란을 처리하는 데 필요한 테크닉을 소홀히했고, 그리하여 현실보다 이상을 선택한 데 있었다. 그때 그의 중립은 복잡한 국제 정세에 비추어 오히려 무모했고 비현실적이었던 것이다.

그의 사상은 그러나 일제 때 신간회와 언론계에서 활동하고 해방 후 건국준비위원회 부위원장·국민당수·미군정청 민정장관을 역임했다가 역시 좌·우 합작에 가담했고 정부 수립에 불참했던 안재홍(安在鴻)의 '신민족주의'에 계승된다. 일민주의(一民主義) 혹은 삼균주의(三均主義)와 구별한 '신민족주의'를 "정치·경제·교화(敎化) 등 권리의 균등과 근로 협동의 의무 즉 봉사의 균등을 조건으로 삼는 진정한 민주주의"로 규정하면서 "현하의 역사적 제조건은 민족의 분열 투쟁, 즉 계급 투쟁을 지양 청산하고 신민족주의 해방 완성에 합통귀일(合通歸一)"하기를 원하는 그의 「신민족주의의 과학성과 통일 독립의 과업」(『신천지』, 1949년 8월호)은 그가 제창한 신민족주의의 근거를 "1) 단일 민족으로 2) 조국 강토를 지키면서 3) 수천 년 동안 엄청난 국제 침략을 민족 총단결의 힘으로써 최대한의 항쟁을 거푸거푸 해내면서 단련되어온 역사적 생성체로 정신적 응결의 힘이요 과학적 필연성의 것"에서 찾고 있다. 그는 8개항의 방문(榜

文) 중에서 "민족 자립만이 진정한 자유와 완전한 생존"으로서 "강대국에의 편향 의존은 새로운 국제 전쟁의 화근으로 되어 결국 자신의 보다 큰 환란을 후일에 불러온다" "국제적 원조는 그만큼 간섭과 제약을 초래하니, 그를 아주 없앨 수는 없겠지만 경감 단축시켜야 할 것"으로 주장함으로써 머지않아 6·25 이후를 예언으로 적중시킨 탁월성을 보였지만, 그러나 혈연 집단의 역사적 공동 운명성에만 민족주의를 한정시켰다는 것은 미래로 전망해야 할 당시의 민족주의자들에게 어쩔 수 없는 한계로 지적되지 않을 수 없다.

이러한 과거의 확인에만 의존한 민족주의는 문학에서 더욱 철저하게 나타난다. "민족은 전통적인 심리를 기초로 하여 신화가 같고, 전통이 같고, 언어를 같이하고, 풍속 습관이 같고, 생활하는 강토를 함께 보장·유지하고, 거족적인 이해 관계에 있어서 희로애락을 같이하는 때문에 비로소 집단 의식이 성립되고, 이 집단 의식은 곧 강렬한 민족 의식으로 되는 것"으로 박종화가 「민족 문화의 원리」(경향신문, 1949년 12월 5일자. 백철, 『신문학사조사』에서 재인용)를 설명할 때, 잃었던 전통 문화를 도로 찾으려는 '민족 의식'에서 소박하나마 당연한 심리 구조를 이해할 수 있다. 그러나 민족 문화를 창조하는 구체적인 예로서 "우리의 2세에게 충무공의 소설을 지어 읽어주자. 오달제(吳達濟)·윤집(尹集)·홍익한(洪翼漢) 삼학사의 백전불굴의 의기를 시로 지어 들려주자. 지금 조선 민족은 진정한 민족 문화 수립이 활발하게 전개되기를 바라고 있다"로 순전히 과거 지향, 애국심의 고취로 함몰하는 것은 해방의 흥분에서 여전히 못 벗어나 문학을 민족 정기 앙양의 도구로 전락시킨 것이다. 이러한 문학론은 뒤집으면, 임전보국(臨戰報國)을 호소한 일제 말기의 소위 '국민 문학론'과 커다란 차이를 갖지 않는다. 훌륭한 문학은 그의 「대조선의 봄」이나 「민족」 또는 「논개」에서보다 김동리의 「역마(驛馬)」, 또는 박두진·조지훈·박목월의 『청록집』에서 이루어졌다는 사실을 주목할 필요가 있다. 후자의 작품들이 30년대의 순수 문학과 50년대의 전후 문학 사이를 연결해주는 40년대 거의 유일한 문학으로 남을 수 있었던 것은 "진실로 문학을 가질 수 있는 작가는 현대의 신(神), 인민도 거부하지 않으면 아니 될 것"이며 "문학은 영원히 작가 자신(인류 전체에 환원할 수 있는)에 복무할 따름"(김동리, 「문학과 자유를 옹호함」)이란 확고하고 정당한 문학관의 소산이기 때문이다. 그러나 이들의 작품이 그것의 문학적 가치를 떠나서 조지훈에게서처럼 전통적인 멋으로, 박목월에게서처럼 자연에의 정서로, 박두진에게서처럼 구도자의 기원으로, 혹은 김동리에게서처럼 토속에의 탐구로만 응고될 때 이데올로기의 관점에서 보자면 민족주의의 퇴영, 또는 복고적 전통주의의 아나크로니즘을 목격하게 된다. 다행히 김동리는, 김병규(金秉逵)·김동석(金東錫) 등과의 일련의 '순수 문학' '본격 문학' 논쟁을 통해 "문학 자체의 목적과 정치 자체의 목적은 그 질에 있어 동일한 것이 아니며," 문학이 "정치적 목적 달성을 위한 한 개 도구"로서 동원될 때 문학적 목적은 그 질에 있어 정치적 목적의 속성으로밖에 존재할 수 없게 된다"(「본격 문학과 제3세계관의 전망」)고 하여 좌익 작가들의 '당의 문학'에 대항, 문학을 정치로부터 구출하는 한편 "민족 정신을 민족 단위의 휴머니즘으로 볼 때 휴머니즘을 그 기본 내용으로 하는 순수 문학과 민족 정신이 기본되는 민족문학과의 관계란 벌써 본질적으로 별개의 것이 될 수 없다"(「순수 문학의 진의——민족문학의 당면 과제로서」)고 하여, 순수 문학과 민족문학, 나아가 세계사적 휴머니즘으로 연결지음으로써 아나크로니즘의 함정을 극복하려고 노력하고 있다. 그가 순수 문학을 옹호하여 "문학 정신의 본령정계(本領正系)의 문학"을 정치 예속의 문학으로부터 지켜준 것은 우리 문학사에서나 정신사에서 귀중한 공헌으로 고평(高評)되어야 할 것이지만, 그러나 그의 휴머니즘론 또는 결국 토속 문화로 논리적 귀결을 보는 민족문학론은 여전히 소박하고 감정적인 것으로 남는다. 그가 김동석의 공격을 충분히 감당하지 못한 것, 또는 50년대의 전후 작가로부터 '우상의 파괴'의 적(的)이 되었다는 것은 이를 예증한다. 오히려 「민족 문화 문제」(『신천지』, 1947년 1월호)의 김용준(金瑢俊)이 보다 적절하게 이해하고 있다. 미술가인 그는 "항상 전통적 정신을 기초로 하여 외래 사조를 가미하여 나가는 문화이고서야 우리 문화의 새로운 시대성이 구현될 것이요, 또 민족 문화의 성격을 지닐 수 있을 것"이라면서 1) 문화 운동과 정치 운동과를 혼동하려는 경향, 2) 문화면의 관료적·급진적 경향, 3) 문화면의 보수주의적 경향을 지적, "하루 빨리 학자는 서재로, 과학자는 실험실로, 예술가는 제작에로 몰두하는 순수 정신이 필요하다"고 충고하고 있다. 이 같은, 미래에로 '열린' 민족 문화관은 47년의 문총(文總) 결성과 48년의 정부 수립으로 문화계의 안정을 통해 발전할 즈음, 뜻밖에 6·25가 발발하고 그리하여 학자와 과학자와 예술가는 피난길로, 혹은 전선으로 밀려가는 좌절을 갖게 된다.

Ⅲ

좌익, 특히 마르크시즘의 한국적 패배는 민족주의의 좌절보다 더욱 당연하게 보인다. 이미 20년대 전후 시베리아와 일본을 통해 들어오기 시작한 마르크시즘은 한민족 전체가 피착취 식민 계급이었다는 정황 속에서 좌절감에 사로잡혔던 망국 지식인들에게 커다란 매력을 발휘할 수 있었다. 그리하여 카프를 결성하고 계급 문학을 주장하는 한편, 민족주의자와 제휴한 신간회 등을 통해 이데올로기를 보존할 수 있었다. 해방된 이튿날 이미 여운형을 중심으로 건국준비회가 조직되고, 20일 후 전국대표자회의에서 '조선인민공화국'을 선언할 수 있었던 것은 일제 암흑기에도 여전히 강력하게 명맥을 유지할 수 있었던 그 힘에 의해서였다. 이들은 정치 무대에서뿐만 아니라 문화계에서도 임화·김남천·이태준을 중심으로 한 '조선문학가동맹,' 다시 '조선프롤레타리아문학동맹'과 합류한 '조선문학동맹'으로 세력을 모으며, 『신천지』(후에 전향한다) 『문학』 『민성(民聲)』 또는 서울신문, 현대일보 등 신문 잡지의 편집진으로 앉아 우익의 '조선문필가협회' '조선청년문학가협회'를 공격해왔다. 이 같은 좌·우익의 대결은 45년 12월의 모스크바 삼상회의에서 제안된 5개년 신탁통치안에 대해 우익과 함께 반탁의 태도를 취해오던 좌익이 46년 3월 친탁으로 돌변하면서 최고조로 격화된다.

이처럼 강력한 세력을 갖고 있던 공산주의가 어째서 종적을 감추게 되는가. 물론 자유민주주의를 굳게 믿고 있는 미군이 주둔한 서울에서는 그들이 실질적으로 배경할 수 있는 권력이 없었다는 현실적 여건 위에, 46년 5월의 정판사(精版社) 위폐(僞幣) 사건으로 공산당 본부가 수색되고 현대일보가 정간되며, 그해 9월 국대안(國大案) 반대 소동에 이어 『인민』 『현대』 『중앙』 등 세 신문이 정간되고 박헌영이 지명 수배되며, 10월 대구 사건을 중심으로 한 공산당 조종의 파업 이후 남로당 간부 및 조직의 대량 검거가 계속되었다는 당국의 억압에 주로 기인하고 있는 것도 사실이었다. 그러나 그에 앞서 이데올로기 형성에서의 한계와 그것의 현실적 적용에의 오류가 개재해 있음을 간과해서는 안 된다. 우선 상당수의 좌경 지식인은 공산주의 또는 마르크시즘에 대한 동반적 입장을 취하거나, 그것을 현대 세계의 가장 진보적이며 보편적인 이념으로 착각하고 있었다. 전자의 경우, 레몽 아롱의 이른바 '지식인의 아편'과 같은 요소가, 좌절과 피곤 속에 헤매던 일제 말기 지식인들에게 유달리 강렬하게 어필되었으며, 그런 만큼 마르크시즘의 논리 자체, 또는 한국적 상황에 대한 정당한 이해와 통찰 없이 동조되었던 것이다. 그 같은 전형적인 예는 30년대에 그처럼 순수 문학의 입장을 취하여 스타일에 깊이 신경쓰던 이태준에게서 발견된다. 시골에서 전보를 받고 상경한 그의 소설 「해방 전후」는 그의 좌경화 과정을 잘 설명해준다. '조선문화건설중앙협의회'를 찾아간 주인공 '현'은,

> 마음속으로 든든히 그들[좌익 작가]을 경계하면서, 그들이 초안한 선언문을 읽어보았다. 두 번 세 번 읽어보았다. 그리고 그들의 표정과 행동에 혹시라도 위선적인 데나 없나 엿보기를 게을리하지 않으며 저윽 속으로 이상하게 생각하지 않을 수 없었다. (이들에게 이만큼 조선 사정에 진실할 정신적 준비가 있었던가?) 현은 그들의 태도와 주장에 알고 보니 한군데도 이의를 품을 데가 없었다. (김동리, 「문단 1년의 개권」에서 재인용)

선언문에서 "이의를 품을 데가 없어" 좌익과 합작을 결심하는 '현'의 전향은 김동리가 지적한 것처럼 "얄팍한 감상성과 관념적 흥분"에 사로잡혀 공산주의에 대한 투철한 분석과 한국의 상황에 대한 집요한 대결을 포기시켰던 것이다. 이태준을 비롯한 몇몇의 월북과 반대로 상당수의 작가들이 우익으로 전향, 마르크시즘에 환멸을 느끼게 된 것은 자연스런 과정이었다. 후자의 경우는 국제적인 정치 지식의 결여에서 생긴 것으로 18세기의

고전적 자유주의, 19세기의 자본주의와 그것의 해독, 20세기에 이르러 소련에서 공산주의 혁명이 성공했다는 과정만 알고 있어 공산주의를 최신의 국제적 유행 사조로 이해함으로써 서구의 자유·복지민주주의가 오히려 더 강화되고 있는 것을 몰랐을뿐더러, 소비에트가 미·영 등과 함께 연합국 세력으로 '조선의 해방자'로 진주했기 때문에 소련을 독재 국가로 인식할 사정이 되지 못하고 있었다.

이같이 마르크스주의자에 의해 공산주의의 한국적 수용이 불가능한 것은 당연한 논리이다. 지드가 프랑스의 좌경 지식인들에게 가한, "진리보다 논리를 더 존중한다"는 코멘트가 한국의 정예 공산주의자들에게 그대로 적용된다. 널리 지적되고 있는 바처럼, 한국의 사회 발전이 서구 자본주의의 발전 과정과 다를 뿐 아니라, 적어도 당시의 한국에는 착취할 자본가 계급도, 해방해야 할 노동자 계급도 형성되어 있지 않았다. 있다면 착취한 것은 일본 제국주의였으며 해방된 것은 민족 전체였다. 그럼에도 백남운(白南雲)에게서 보인, 유물사관에 의거한 한국사의 조작과 같은, 정직한 상황의 파악보다 이데올로기에 상황을 견강부회하는 억지가 그들의 정신 구조에 깊이 배어 있었다. 한국 마르크시스트의 일반적 병폐는 신일철(申一澈)이 신간회의 파탄에서 분석한 것처럼 "자국의 현실과의 대결 속에서 외래 사상을 재창조한다는 민족화의 자각보다는 무조건 자국의 역사나 사회 구조를 이해하는 데 있어서 최근까지도 우리나라 마르크스주의 신봉자들간에는 유물사관의 공식에서 일보도 벗어나려는 노력을 보지 못했다. 〔……〕〔그들은〕 한국의 현실을 대상으로 해서 그것을 이론화하고, 그 이론을 비판적으로 검토하는 과학적 태도 이전의 '맹신적 수용'에 머문 것이다(「마르크시즘과 한국」, 동대 개교 60주년 기념 심포지엄 논문집 『한국 근대화의 이념과 방향』 소수).

이들의 고식적인 자세는 당시의 민족적 여망을 파악하는 데 실패하고 있다. 한민족 사상 최초의 타민족 속박을 벗어난 해방감에 환희하여 "민족을 도로 찾자"는 열의에 젖어 있을 때, 더욱이 해방과 동시에 분단의 쓰라림에 고통을 느끼며 통일을 열망하고 있을 때, 그들은 "민족에 선행하는 계급 해방"을 고창하고 있었으며, 외국 군대의 주둔하에 신정부가 수립되어야 하는 불만 속에 '자주'를 주창하고 있을 때 신탁통치에 찬성, 더구나 소련 공산당의 지시에 의해 태도를 돌변했으며, 새로 수립된 국체가 자유민주주의이기를 희망하는 때 그들은 그것을 주장하는 우파에게 '친일파' '민족 반역자' '반민주' '파쇼 분자'의 잔혹한 공격을 감행함으로써 국민의 신망을 잃고 있었다. 이 같은 여론의 지도가 아니라 그에 반하여 폐쇄적인 계급 정권을 주창한 것이 국민의 분노를 샀고, 이에 대한 보복으로서의 테러리즘은 그들에 대한 사태를 악화시켰을 뿐이다.

민족주의는 퇴화하고 공산주의는 종식되는 가운데 서서히, 한국의 지식층에서는 민주주의에 대한 논의가 활발해지기 시작한다. 오병헌(吳炳憲)에 의하면 "8·15 직후의 자유민주주의는 명백하고 자신있는 개념을 정립시키지 못하고 스스로 보수적이라는 죄의식에 사로잡혀서 반양심(反良心)이 아니라는 변명에 급급하는 불행"(「자유민주주의와 한국」,『한국 근대화의 이념과 방향』소수)에 처해 있었고, 더욱이 지식인에게는 민주주의에 대해 "막연하고 초보적인 이해" 수준에 멈춰 있었다. 당시 민족주의와 사회주의는 서로 대립 개념으로 잘못 이해되고 있었으나 민주주의는 양파가 공히 제창하고 있는 이념이었으며 그 때문에, 가령 좌파는 우익 진영을 "민주주의 건립을 방해하는 반역자와 반민주주의적 악질 분자"로 공격했고, 우파는 찬탁의 공산주의자들에게 '퇴보적 민주주의자'라고 비난했다. '민주'란 말처럼 애용된 것도 없거니와, 그만큼 애매하게 사용된 적도 없는 실정이었다.

이러한 가운데 민주주의에 대한 염원은 좌익의 맹렬한 방해공작과 미군 당국의 소극적 태도(오병헌, 앞의 논문, pp. 76~78 참조) 때문에 그 실현이 지연되고 제한되는 가운데 48년의 여름에 외형적인 성취를 보게 된다. 즉 총선거가 실시되고 헌법이 제정되며, 삼권이 분립하고 조각이 이루어지며, 대한민국 정부 수립이 선포되고, 유엔과 우방 국가의 승인을 받기 시작한다.

그러나 모두가 공인하다시피 서구의 자유민주주의를 한국에 이식하는 데 실패했으며, 그 후의 정치사는 반민주화의 현실과 그를 견제하려는 국민의 노력간의 피나는 싸움으로 점철된다.

이 같은 실패의 원인에 대해 오병헌의 다음과 같은 일반론적인 분석이 이루어진다. 1) 자유민주주의의 성장·발달은 "이에 유리한 조직과 환경의 존재를 전제"하고 있는데 특히 초기에 격심한 사회적 변동이나 국가적 존망 문제가 제기되지 않았던 영·미·북구 삼국의 경우가 한국의 경우와 대조적이었다. 2) 자유민주주의는 어느 정도 성장한 후가 아니면 외부로부터의 공격을 물리치기 힘들며, 일단 성장 후에는 "사회주의 또는 공산주의의 요구를 그 속에 섭취·동화하여 사회민주주의 또는 복지 국가의 방향으로 진로를 수정"할 수 있는데 우리나라는 혼란 속에서 독자적인 뿌리를 뻗을 수도 없었고, 공산당의 공격이 지나치게 치열하였다. 3) 사회주의와 공산주의가 체계적인 이론에서 출발하여 행동으로 옮기는 데 반하여 자유민주주의는 "실천 과정에서 비로소 이론을 형성"해나가는데 한국의 민주주의사(史)는 그 같은 실천 과정 기간이 너무 짧았다는 점 등이다.

이 일반론 위에 당시의 민주 정부 수립 과정을 좀더 검토해볼 필요가 있다. 첫째는 미 군정을 거쳐 정부 수립에 이르기까지 친일파가 오히려 현실적인 힘을 갖는 반면 민족 운동가가 도태되었다는 사실을 지적할 수 있다. 서울에 주둔한 군정 당국은 정국의 혼란을 막기 위해 일본의 관료 체제를 그대로 유지하는 한편 대부분의 관리들을 그 자리에 유임시켰고, 한국의 실정에 무지했기 때문에 통역 정치를 실시할 수밖에 없었는데 그 관리와 통역 대부분이 친일파였음은 조지 우임스 소령의 한국인 관리 선

택 과정에서 그 예를 볼 수 있다. 그는,

> 이들 관리를 주로 조선 기독교 신자 중에서 뽑았는데 그 대부분은 한국민주당에 속한 사람이었다. 중류 지주이며 교육도 있고 친일파로 된 소수당인 완고 보수 진영은 또 하지 고문 회의에도 중요 인물을 보내게 되었다. 모씨는 전시 일본인을 위하여 한국 청년들에게 신명을 바치라고 수차의 격려 연설을 한 사람인데 이 사람이 미 군정청 문교부장의 직에 취임하였다. 모씨의 변절은 널리 한국인에게 알려지고 있었지만 [……] (라우터백, 『한국 미 군정사』)

한편 일제에 항거한 민족 운동가는 그들의 교육적 배경으로 해서, 혹은 좌우 투쟁의 혼란에 대한 혐오감으로 해서, 도태당하거나 스스로 물러났으며, 김구 등 합작파는 정부 수립에 불참함으로써 건국 초기에 그들의 정치적 진출은 극히 미미했다. 한 조사에 의하면 제헌국회의원 중 독립 투사는 불과 6.7%인 14명에 불과했고, 6·25 직후의 2대 국회에는 7.3%인 19명으로 약간 증가했으나 다음부터 아주 감소하게 된다(이종율 석사 논문, 「한국 정치 엘리트의 충원에 관한 연구」, 1968). 친일파라 해서 반민주적이라거나 민족 운동가라 해서 반드시 자유민주주의자였을 보장은 없다. 그러나 이 문제는 중요하다. 친일파가 오히려 득세하고 있었음은 군국 일본 식민주의의 청산이 이루어지지 못하고 있으며, "새 술은 새 부대"에 담을 정신 풍토를 형성하지 못하고 있음을 입증한다. 사실 조직 기반이 약했던 우파 진영은 좌파와 대결하기 위해 친일 세력과 제휴하였으며 이것은 많은 지식인과 국민들에게 우파에 대한 환멸을 안겨주었다. 반면 민족 운동가의 후퇴는 그만큼 정부에 대한 공신력을 약화시켰고 건국초의 정책 수행에 에네르기쉬하지 못한 약점을 제공했다. 권력에 대항할 수 있는 독립 운동가가 쇠퇴하고 스스로의 오명을 지닌 채 권력에 부영(附迎)하는 친일파가 정치 지도 세력으로 활약했던 것은 이승만의 카리스마화를 용이하게 했고, 정치적 이념을 후의 반공·반일이란 부정적 측면으로 경화시키는 원인이 된다.

둘째로, 민주 정치의 핵심이 되는 정당 조직이 이념에 기초한 것이 아니라 이해 관계에 따라 이합집산했다는 점이다. 이승만과 제휴했던 김구가 좌·우 합작 때에 그와 결별한 것은 당연하다 하더라도 임정환영준비회부터 이승만을 끌어들인 반공·친일 색채의 한민당이 조각 과정에서 이승만 대통령으로부터 거세되자 탈락자들이 개편, 민국당을 조직했으며, 이승만은 이에 대항하기 위해 자유당을 창당했다. 그리하여 한태수(韓太壽)의 지적처럼 "자유당과 민국당은 한민당에 집결했던 친일파 세력이 둘로 갈라진 데 불과한 것"으로 과거의 수많은 정당이 형성되었고 소멸하였지만 "일정한 이념에 뭉쳐서 그 이념 실현을 위한 투쟁을 전개해본 정당도, 그 정당이 디디고 서는 국민적 기반도 없었다(「정당 20년」, 『해방 20년』 소수). 이러한 혼란된 정치화 과정 속에서 가장 영향력이 큰 이승만은 그의 민족주의에 대한 무관심 이상으로 민주주의 수행에 부정적 태도를 갖고 있었다. 그는 당시의 한국 지식인 중에서 민주주의를 가장 잘 알고 있는 지도자였으나 미국으로부터 귀국 후 주로 지주 식민 관료 및 지방 유지들의 전근대적 보수 세력에 지지 기반을 두었으며, "반공이라는 소극적 논리만으로 (정치적) 통합의 기능을 발휘할 수 없었기"(이종율, 앞의 논문) 때문에 그의 체질과 결합한 동양적 카리스마화를 추구하게 되었다.

해방 후와 건국 초기의, 마르크시즘의 패배와 자유민주주의 실패는 전자가 이데올로기의 과잉으로 현실을 무시하고 후자가 현실에 함몰됨으로써 창조적 이념을 제시하지 못했다는 공통의 모순을 지니고 있는 한 당연하게 보인다. 그 어느 쪽도 현실에 정당하게 대결하여 상황의 부조리를 극복하려는 지성의 태도를 보여주지 못한다. 이 같은 지성의 좌절은 당시 지식인 자체의 취약성에도 있지만 보다 큰 원인은, 지성이 냉철하게 통찰하고 용기 있게 극복할 수 있는 여유를 허락하지 않는 압도적인 현실의 무게에 돌려야 할 것이다. 그것은 지성의 힘이 저항할 수 있는 한계 밖이었다.

IV

3년여의 "잘못된 장소에서, 잘못된 시기에, 잘못된 적과의 전쟁 *the wrong war, at the wrong place, at the wrong time with the wrong enemy*"(브래들리 장군)을 겪으면서 한국 지식인의 관심

은 정치적 이데올로기로부터 문화적 유행 사조로 돌변한다. 아마 이것은 어쩌면 불가피했을지도 모른다. 단도직입적으로 말하자면 전쟁이 모든 의미를 앗아간 폐허에는 절망적인 감상(感傷)밖에 남지 않을 것이다. 그리하여 고은이 극히 명료하게 묘사한 것처럼,

그들[50년대 지식인]이 돌아온 현실은 말할 수 없는 폐허, 현실설정이 불가능한 상태의 폐허였기 때문에, 폐허는 어떤 사상으로 승제(乘除)하더라도 폐허의 의미만을 강조한다. 그 폐허는 비현실의 공간이었다. 현실 또는 역사적 정수(整數)가 만들어놓은 비극적 공간은 폐허로서 현실 또는 역사를 거절하고 있다. (「1950년대」, 『세대』, 1972년 2월호)

그리하여 국가의 존망보다 개인의 절망, 민족의 구출보다 자신의 구원에 더 많이 악센트를 둔 사상이 급속도로 미만하게 되고 정치와 현실, 전쟁과 비극보다 내면과 관념, 허무와 비탄에 더욱 함몰할 수밖에 없게 되었다. 그것은 다시 고은의 적절한 지적처럼 "그곳에 전쟁 이전의 현실이 남아 있었다면 그 현실에 대립될 모순과 갈등, 이율배반이 동원되어서 50년대의 출발점은 논리를 통해서 가능했을 것이다. 그러나 그런 논리가 결여됨으로써 현실은 공동(空洞)이었다"(전게 논픽션). 프랑스에서 직수입된 실존주의와 '해방자' 미군을 통해 전달된 실용주의, 그리

고 대부분의 정치 지도자들로부터 바라크의 서민에까지 널리 전도 부흥되고 있던 기독교가 한국의 지식인에게 또다시 좌절되는 것은 그들이 현실의 '공동'에서 그쪽으로 망명했기 때문이었다. 전쟁이 해방 후의 혼란에서 얼마만큼 자생의 가능성을 보인 현실 대결의 이데올로기 생성을 뿌리째 뽑아버렸을 때 그들 외래 문화 사조는 한국 지식인의 망명을 받아주었지만, 그것이 '토착화(土着化)'할 수 없는 한 일 년생 식물의 운명을 지닐 수밖에 없었던 것이다. 더구나 당시의 정치적 이념은 '반공·반일주의'의 부정적 구호로 화석화하고 있었으며, 그것은 리버럴리스트의 염기(厭忌)의 적(的)은 되었을망정 결코 패배주의적 정신 구조를 지양시켜줄 수 있었던 것은 아니었다. 이제 그들에게는 민족주의의 매력이 무감동스러운 것이었으며 민주주의에 대한 여념이 있을 리 없었고, 공산주의란 논리를 초월한, 체험 그 자체에 의해 밝혀진 공포스런 현실이었다. 그리하여 정치의 현장으로부터 인퇴, 내성화한 그들에게 내적 공간마저 폐허였던 만큼 그들이 감동하고 절규하던 새로운 문화적 사유마저 실은 감상적인 제스처의 한계를 넘기 힘들었다. 그것은 피상적이고 현실의 회피며, 말초적인 웅변이었다. 이 같은 외래 사조의 공소화(空疏化)는 김동리와 이어령의 논쟁에서 단적으로 드러난다.

김동리의 월평에 대한 김우종의 비난에서 시작된 김동리·이어령의 6차에 걸친 격렬한 논쟁은 우리나라 논쟁사상 가장 치사한 것이었다. 요컨대 이 논쟁의 초점은 1) 오상원의 문장이 지적인가, 2) 한말숙의 소설에 대해 김동리가 사용한 '실존성'이란 용어가 존재하는가, 3) 추식(秋湜)의 「인간제대(除隊)」에서 '극한 의식'을 지적할 수 있는가, 하는 세 가지 문제다. 이 문제들이 정당하게 토론되었다면 1)은 바로 지성의 양식 문제로 직결되었을 것이며, 2)는 실존주의를 유행이 아닌, 원초적인 인간 존재의 구조와 사유 방식의 탐구로 전개되었을 것이고, 3)은 위기의 윤리적 극복이란 중대한 과제로 진전할 수 있을 것이다. 그러나 그들의 공방은 1)에서 서로 잘못된 문장을 꼬집는 것으로, 2)에서 실존성이란 말을 누구에게 배웠느냐는 것으로, 3)에서 방종의 판단으로 그리하여 치졸한 인신 공격과 무의미하다기보다 오히려 해독스런 추태를 보였다. 여기에 불행이 있었다. 사상은 결코 김동리와 같은 아나크로니즘적 콤플렉스(월남에서 재혼한 남자에게 본처가 나타나는 멜로드라마에 「실존무(實存舞)」의 제목을 붙인 것을 상기하라)나, 이어령과 같은 에피그램적 카타르시스(그가 후에 감상적 에세이스트로 전환한 것을 검토하라)로써는 결코 성실하게 수용·발전될 수 없는 것이다. 그들은 정치 지도자들의 패배적 구호와 상응하게 '고발' '참여' '벽' '실존' '역사' ……의 어휘를 남발했으나, 감각적인 자극에는 성공했을망정 내적 의지의 힘으로 발전시킬 수는 없었다. 동시대 비평가에 의해 "그들은 역사 의식을 강조해야 함에도 불구하고 역사 의식을 전혀 갖지 않았다는 사실이 그들이 간간이 부르짖던 앙가주망이 공허했다는 것을 말해주었다. 젊은 세대의 대변자로 자처

했지만 결국 동란의 역사에 갇힌 한국의 젊은 세대, 그 세대가 잉태하는 사상, 고뇌의 꿈을 대변한 것이 아니라 외국의 젊은 세대, 그들의 유행품으로서 대변자를 자처했다는 점에서 심각한 반성이 요구되었다"(이철범, 「비평 문학의 명맥」, 『월간문학』, 1968년 11월호)는 비판은 이미 당시의 "'비판'과 '독창'의 세관을 거치지 않은 채 그대로 투입되는 이 위해의 문학이 노골적으로 발현되고 있는 것이 50년대를 전후한 현문단의 특징이다. 8·15의 해방과 6·25 동란의 역사적 두 개의 변동은 태서(泰西) 문명이 직접 우리의 생활과 접촉하게 될 기회가 되었으며, 수습할 수 없이 침윤해 들어오는 외래 사조가 주마가편의 격으로 사이비성의 기형적 문화의 요화(妖花)를 개화하게 한 것"이란 이어령의 자탄(「1956년의 작가 상황」)을 재확인시켜줄 뿐이다.

50년대에 가장 대표적인 사조로 지명될 실존주의가 한국 지식인의 심상에 깊은 호소력을 가질 만한 이유에 대해서는 췌언을 요하지 않는다. 그러나 그것이 한국의 현실과 개인의 심저에 접목하는 데 실패함으로써 이어령·이철범의 에피그램, 손창섭·장용학·김성한의 '실존적 분위기'만으로 그치고 아카데미에서 학문으로만 다루어졌던 것이 이 경우 지적 한계였다. 실존주의가 한국 작가에 의해 소개된 최초가 1948년 『신천지』 10월호의 '실존주의 특집'이었던 것 같다. 사르트르의 「문학의 시대성」과 「벽」을 번역한 그 특집의 글은 극히 단편적이고 몽매한 것이었다. 오직 「실존주의는 휴머니즘이다」만으로 「실존주의 비판」을 가한 김동석의 논거는, 노동하지 않는 부르주아 지식인의 "타락한 행동의 자기 합리화"로 예방주사를 놓고 있으며, 『구토』를 주로 인용하고 있는 박인환(朴寅煥)의 「사르트르의 실존주의」는 일차 대전 후의 다다이슴과 같은 위치로 파악, "반동적인 무신론자들이 오늘 자유의 포물선상에서 올리는 괴기한 절망"으로 진단하고 있다. 그러나 '실존'의 개념은 이보다 훨씬 전인 30년대 중반에 박종홍에 의해 거의 정확하게 이해되고 있다. 「하이데거에 있어서의 지평의 문제」(『인문평론』, 1939년 2월호), 「현실파악」(『인문평론』, 1939년 11월호)에서 하이데거와 야스퍼스를 분석한 그는 '실존'(주의까지는 아니다)의 용어를 썼으며 동란 직전에 발표된 「지성의 방향」(『학풍(學風)』, 1950년 4월호)에서 "현대의 실존 철학은 새로운 활로를 개척하기 위하여 궁지에서 허덕이는 현대인의 절박한 고민을 밑바닥으로부터 진감파악(震感把握)하며, 유례를 보기 드물 만큼 심각한 긴장과 분기를 고조는 하되, 안타까운 해결의 일보 직전에서 절대자 앞에 자폭하고 마는 거조를 취하거나 무 위에 하나의 형성적 지평을 구상함에 그칠 뿐……"이라 하여 실존주의의 한계까지 현명하게 내다보고 있었다. 허망한 존재 앞에서 정작 실존주의적 사유가 절망적으로 흡수될 때 그는 "소위 실존 철학의 현대적 매력은 심각하고도 날카로운 파토스적 센스에 의하여 현실적 존재의 주체성을 그 궁극적인 한계에 있어서 드러냄으로써 불가피적으로 달겨드는 환경의 무상한 전변을 마치 정신적으로 지양 극복하며, 고귀

한 생의 새로운 의의를 밝혀주는 데 있다"(「실존주의와 현대 철학의 과제」, 『자유세계』, 1952년 3월호)고 하여 전후의 내적 파탄을 실존주의를 통해 극복하려는 가능성을 비춰준다. 그리하여 실존주의가 작가들에게 감정적 카타르시스만으로 처리되는 반면 박종홍과, 문리대에 처음 실존 철학 강좌를 개설한 조가경(曺街京), 또는 김붕구·정명환 등 독일계 철학자와 불문학자를 통해 본격적으로 수용되었던 것은 '위기 의식'이 침전되는 60년대에 들어서 50년대 작가들이 주저앉고 60년대 작가들(50년대 실존주의 학자들의 제자였던)이 현실을 보다 냉철히 파악하고 긍정적으로 극복하려고 노력했다는 점과 긴밀한 연관을 맺는다. 그러나 실존주의가 논리적으로 인간의 자유를 위한 저항권을 뒷받침해 줌으로써 정치적인 참여 또는 반항의 힘을 제공해줄 수 있는데 (차인석, 「실존적 정치철학 서설」, 『문학과지성』, 1971년 겨울호 참조) 4·19가 과연 50년대 실존주의와 어떤 문맥을 갖는가는 회의적이다. 당시의 학생들은 사르트르와 달리 오히려 체제 긍정적이었으며, 따라서 이것은 결국 한국 사회의 미숙성에 연결지을 문제이기 때문이다.

기독교도 이 시기에는 실존주의와 비슷한 과정을 밟는다. 한국의 기독교는 다른 아시아·아프리카의 피선교국과는 달리, 그것이 한말에 서구 침략의 첨병으로서보다 '개화의 교수'로 들어와 그리고 일제 침략의 제어 장치 구실을 했다는 점에서, 그리하여 식민지 시대에 가장 충실한 반체제적 저항 세력으로서 민족주의와 결합할 수 있었다는 점에서 특이한 양상을 갖는다. 기독교는 그러니까 개인의 구제를 위해서 필요했고 민족의 구원을 위해서도 필요한, 퍽 유리한 고지를 점령하고 있었다. 더구나 6·25의 절망을 구해주러 온 주요 우방국들이 거의 사실상의 기독교 국가였으며, 난민 구제 사업의 상당 부분이 기독교 단체를 통해서 이루어졌다. 외래 사조 중에서 가장 환영받을 만한 성격의 것으로, 그리고 가장 오랜 전통 때문에 토착화의 가능성을 가진 유일한 것으로, 그리고 전쟁 당시에 현실의 고난을 이겨내는 정신적·물질적 구제 수단으로 뿌리를 박기 시작한 기독교는 이승만이 초대 대통령 취임식 때 취임 기도를 올리고, 55년 5월에는 주일에 일체의 행사를 중지토록 하며, 이어 성탄절을 공휴일로 제정하는 정치 지도자의 적극적인 지원으로 사실상 타전통 종교를 압도하는 세력을 보였다. 그러나 황성모(黃性模)가 비판한 것처럼 "그럼에도 불구하고 한국 사회의 현실적 사회 제관계의 표현이라 할 정당의 분석에서 기독교가 크게 표면화하는 일이 없었고" "반공 운동을 뒷받침해주는 세계관·역사관·인간관을 종합한 기독교적 정치 이념이 아직도 형태화·객관화되지 못하는 철학의 빈곤"(「프로테스탄티즘과 한국」, 중앙대 앞의 논문집 소수)은 물론, 세례는 받았으나 냉담자 지식인이 늘어나고 있는 이유는 무엇인가.

여기서 한국 기독교의 한계가 지적될 수 있다. 즉 대(對) 아시아의 '네비우스 종교 정책'의 가장 혹심한 세례를 입어 전통적으로 반지성적 태도를 견지해왔다는 점(서광선, 「한국 기독교와 반지성」, 『문학과지성』, 1971년 겨울호 참조)과 그 같은 분위기 속에서 신생 정부의 지배층 종교가 됨으로써 권력과 밀착, 서구에서는 자신이 스스로 추진시켰던 민주주의의 체제 내적 부패 요소로 타락했다는 점(졸고 「한국 교회의 사회 참여」, 『기독교 사상』, 1969년 6월호 참조)이 그것이다. 반지성적·보수적 맹신에 의존했던 전자는 50년대의 피폐에 어울려 열광주의로 떨어짐으로써 나운몽·박태선·문선명의 신흥 종교로 낙하하여 지성의 권외로 떨어져나갔으며, 후자는 집권층의 장식화 도구로 사용됨으로써, 형식주의로 기울어져 현실적인 반지성 세력으로 강화된다. 야당이었던 카톨릭계 경향신문을 폐간한 사람이 목사였으며, 선거 때마다 부정 선거를 명백히 인지하면서도 이승만을 지지하는 성명서가 발표된 것은 후자의 구체적인 예다. 그러나 이러한 현실적인 한계에서보다 기독교 자체가 성경에 대한 자유로운 해석, 서구 종교의 토착화, 보수성을 탈피한 현대화에 실패했다는 점이 지식인의 외면을 사게 된 큰 이유가 될 것이다. 그러나 이 점에서는 우리가 끝까지 실망할 필요는 없었다. 50년대에 우리는 두 주요한 기독교 지도자를 만나는데 그 하나는 기독교의 보수성에 대항하는 김재준이며 또 하나는 그것의 형식주의에 공격을 가하는 함석헌이다. 전자는 소위 '고등 비평'을 통해 '성경 무류설(無謬說)'을 부인, 48년의 교계 신문에서 비판을 받았으나 동란 후 해외 유학에서 돌아온 신진 학자들의 지지를 받아 기독교 장로회로 독립하며, 후자는 일본의 무교회주의자인 내촌감삼(內村鑑三)의 제자로 전후 한국 지식층에서 가장 큰 영향력을 발휘한 『사상계』를 통한 저널리즘 쪽에서 정부의 부정과 아울러 기독교의 부패를 신랄하게 비판하였다. 이 두 사람의 체질과 활동의 무대는 전혀 상반되고 있지만 5·16 군사 혁명 후 집권층의 종교로부터 밀려나간 기독교를 리드하여 정부에 대한 비판자적 입장에 서는 데는 공동의 입장을 취한다. 기독교가 오늘의 지식 사회에서 권력에 대해 가장 집요한 집단이 될 수 있었던 것은 그것이 권력으로부터 소외됨으로써 오히려 비판의 기능을 회복할 수 있다는 사실과 함께 50년대의 반지성에 대항하는 기독교 지성인이 이미 형성되고 있었다는 데 기인한다.

해방 후에 압도적으로 밀려들어온 미국세, 그리고 전란시부터 급격히 증가하는 도미 유학생들에 의해 수입된 실용주의는 해방 후에 채택된, 듀이의 철학에 입각한 '새 교육 운동'으로 구체화된 실용주의 그 자체와, 그것을 배경으로 하고 있는 행태주의적 방법론 또는 지적 기능주의의 두 갈래로 볼 수 있다. 실용주의 교육이 "한국적 풍토에 뿌리를 내리지 못하고 용두사미격으로 흐지부지하게 된" 책임은 김태길이 지적한 바처럼 "그 지도자들의 역량 부족에만 있었던 것이 아니라, 현재 우리가 보는 바와 같은 입학 시험 위주의 교육을 초래한 우리나라의 사회적 실정 전체에 있는"(「프래그머티즘과 한국의 근대화」, 중앙대 앞의 논문집 소수) 것도 물론이지만 그보다 앞서 실용주의를 아무런 준비 없이 이식하려 한 한국 교육계의 오류에 있었다. 인간을 공작인으로 키우려는 실용주의 교육 자체의 반지성적 결함은 미국내에서도 비판되고 있거니와(Richard Hofstadter, *Antiintellectualism in American Life*, 특히 제5장 "Education in a Democracy" 참조) 미국의 실용주의는 지속적인 안정과 발전의 사회 속에 민주주의가 생활 방법화한 다원론적 경험주의에서 성장된 것이다. 그런 만큼 전통적으로 주자학의 명분론을 고집하며, 일제 시대엔 유럽 대륙 철학의 영향을 받은 교육 제도에서 본체론에의 관심이 더 컸던 우리 사회 체질 속에 급작스레 실용주의를 강요한 것은 한국인의 의식 구조에 대한 맹목에서 나온 무리였다. 이것은 교육 목적을 혼란시켰고 교육 내용을 피상적으로 만들었으며, 사고 방식을 기계주의적으로 유도했다. 입시 제도가 악화된 것은 사회적 실정에 있지만 그 원인은 먼저 실용주의의 한국적 수용이 성급, 오도된 데에 있었다.

한국 유학생이 미국에서 습득한 또 하나의 실용주의 모습은 테마에 있어 기술 지식, 방법에 있어 행태주의가 주류를 이루고 있다는 점에서 발견된다. 가령 우리나라의 최근 학문이 철학·물리학보다 사회과학·공학·의학이 더욱 발전하고 있으며, 특히 정치사상사·권력론보다 비교정치론·행태론이, 경제학보다 경영학이, 사회 사상보다 사회 조사 또는 통계학이, 헌법학보다는 행정학 또는 행정 관료론이 더욱 급속한 성장을 보이고 있다는 사실은 주목할 만한 일이다. 그러나 이것은 예컨대 "한국의 소박한 행정학도가 범하기 쉬운 오류로서, 역사적 또 구조적 조건을 검토하지 않은 채 외래 제도와 그에 따른 외래 학문을 무비판적으로 수용하는 것이 얼마나 위험한 것인가"라는 한영환(韓瑛煥)의 「한국 사회과학의 허망한 노력」(『청맥』 66호〔8월호〕)의 예증으로 그 폐단이 지적된다. 한국 행정학에서 5개의 예를 검증한 그에 의하면 "우리 행정이 현재 단념하고 있는 역사적 고민이 무엇인지를 알아야 비로소, 이와 비슷한 고민을 안고서 해결을 지어나간 다른 나라 다른 시대에서의 학문적 결실을 참조하고 원용할 수 있는 기준이 제공될 터인데 이 작업을 취하지 못한 채 학문에 덤벼들었으니 '철학적 동시대'를 찾지 못하고 '자연적 동시대'의 현물로 그냥 수용한 오류"를 범한 것이었다. 이 같은 오류는 특히 그 대상이 미국의 기능주의적 학문임으로 해서 다음 두 가지 나쁜 결과를 초래한다. 그것은 첫째로 한영환이 '거대한 대용(代用) 가족제' 또는 연척주의(緣戚主義)의 한국 가치관 속에 미국의 합리성 또는 비정의성(非情誼性)의 관료제를 소박하게 대입함으로써 부정 부패가 발생, 더욱 심화되었다는 등을 예시한 것에서 보듯이 한국 사회의 개선에 임상적인 실패를 했을뿐더러 사태를 오히려 훨씬 악화시켰다는 점이다. 둘째는 미국 학문이 지니는 성격적인 반지성성 내지 무지성성이 권력에 대한 비판 정신을 약화시켰을뿐더러(이 점 역시 호프스태터의 앞의 책 참조), 그 학문이 정책 수립가에게 현실적으로 필요함으로 해서 학자들을 대거 정부에 끌어들여 권력의 자의적 조작 기술을 늘려주고 있다는 점(졸고 「지성과 반지성」 참조)이다. 이것은 지식인의 정치 참여 그 자체를 비난하려는 것이 아니라 지식에 배태할 수 있는 지성이 권력과 밀착됨으로써 지성의 힘이 마멸되는 것을 상례로 보이기 때문이다. 그리고 현명한 권력일수록 지성의 힘을 존중하는 것이다. 한국의 프래그머티즘은 이 점에서 커다란 오류를 범하고 있었다.

III

미국의 사회학자 에드워드 실스는 후진국의 지성인에게서 1) 격렬한 정치화 *intense politization* 2) 사회주의 3) 대중성 *popularism* 4) 반대주의 *oppositionalism* 5) 비공민성 *incivility*의 특성이 나타나고 있음을 지적하고 있는데(Edward Shils, *The Intellectuals in the Political Development of the New States*) 한국의 경우도 예외는 아니었다. 그러나 우리에게 바람직한 어떤 이념도 성공하지 못한 것은 분명하다. 해방 직후의 격렬한 정치화 과정에서 보인 권력의 이데올로기는 '반공'과 '항일'이란 부정적 테마로 고식화했으며 한국 전쟁 후 외래 문화의 범람 속에 지적 사조로 정당하게 수용, 우리 문화의 개별성과 보편성을 창조하는 데 커다란 시행착오로 전락하고 말았다.

여기에는 몇 가지 한국 지성을 위요한 구조적 한계가 드러난다. 첫째는 한국의 식민지화가 서구 백인국에 의해서가 아니라 같은 문화 질서 속에 들어 있던 일본에 의해서 이루어졌다는 점이다. 이것은 개화기 지성인들에게 역력히 보였던, 전통에 대한 단정적인 부정과 서구 문화=좋은 문화란 등식을 성립시킨 것이다. 김현의 이른바 '새것 콤플렉스'는 50년대의 정신적 무기력 속에 절정을 이루고 있는데, 이것은 한국의 개별성·전통성을 무시하고 외래 관념에 유행함으로써 현실적인 토착화에 실패하게 만든 것이다. 지성이 자기에 대한 긍정의 태도 없이는 현실 모순의 극복에 실패한다. 60년대에 들어서 비록 유행적인 용어로 타락했지만 '주체성'에 대한 새로운 고찰이 탐구되는 것은 이 때문이다. 둘째는 우리의 전통적인 일원적 가치론이 서구의 다원론적 문화 가치와 충돌을 일으켜 한국인의 의식 구조가 그들의 문화를 전달받는 데 모순을 일으켰다. 전술한 바처럼 명분론에 대한 집착은, 가령 고도의 자본주의에 대한 안티테제로 등장한 서구의 마르크시즘보다 더욱 마르크시즘적이었다는 사실에서 단적으로 드러나는데, 이 같은 가치관은 현실의 정확한 판단에서도 실패했거니와 사고 방식을 화석처럼 응고시켜 자기 확대와 정신의 신축성을 상실하게 만든 것이다. 여기에 우리는 한국 현대사 자체의 타율적 희생과 급격한 단층성을 첨가해야 할 것이다. 우리가 집요하게 요구해오던 독립에의 의지가 식민 통치국의 강압에 의해 가장 악화되었을 때 해방은 뜻밖에 '밖에서' 주어졌으며, 민주주의의 염원을 현실화할 첫 단계에 '잘못된 전쟁'의 제물로 희생되어 그 염원마저 증발시켰다. 결국 한국 지성사가 8·15 직후 6·25 이후 혼란을 치러야 했던 것은 정치적·사회적 변동에 대치할 만한 지적 축적이 없었기 때문이며, 보다 정확히 말한다면 격심한 현실의 무대에 설 지성의 자리가 확보될 수 없었던 것이다. 펜이 칼 앞에 무력감을 느껴야 하는 것은 참담한 진실이다. 이러한 문제들은 8·15와 6·25가 우리 역사에서 단절로 이해되게끔 만든다. 이 '단절'의 사관은 우리가 극복해야 할 커다란 정신적 과제이거니와 오늘의 우리 현실이 그 '단절감'을 더욱 재촉하고 있는 것이다.

그렇다고 우리 현대사가 아무런 교훈 없는 부정의 악순환으로 해석되는 것은 아니다. 8·15와 6·25 시대에 나타났던 이념들은 4·19 이후 새로운 과제로 제기되고 있다. 그러나 지성이 현실 앞에서 파탄되고 있던 해방 이후 50년에 이르기까지 한국 지성사는 중요한 체질 개선을 얻는다. 그것은 곧 정치·사회적 지도자와 아카데미시즘의 지성이 분화되고 있으며, 후자에 의해 지성의 정향이 잡혀가고 있다는 점이다. 이조 시대 독서인이 관인(官人)이었던 전통은 국권을 상실하면서 함께 종식되는 기미를 보였으나 한말 이후 정치적 무대를 잃은 식민지 시대에 이르기까지 고등 교육 이수자 수가 너무 적었기 때문에 그들이 곧 지성인 계층이었고 국민의 지도자가 되었다.

그러나 해방 이후 급격하게 늘어난 고등 교육 기관과 해외 유학으로 대학 출신의 지식 계층은 대량 폭주했고, 또 불만의 상태서나마 그들을 수용해줄 대학과 연구 기관의 자리가 있었다. 지성이 권력으로부터 분화될 때 권력에 대한 비판적 태도가 가능하며, 이미 기독교에서 그 예를 보듯이 지성의 저항을 얻게 된다. 4·19가 순수한 아카데미 속의 학생과 교수에 의해 주도되고 언론에 의해 부채질되었다는 것은 결코 우연이 아니다. 이 지성의 권력으로부터의 해방은 우선 지성의 기능이 가동할 가능성을 찾게 되었음을 의미하며, 60년대 국학계의 노력과 정부 시책에 대한 집요한 비판 활동으로 실증되는 것이다. 한국 현대사의 지성은 아마 여기에서부터 출발할 것이다. 〔1972. 3〕

지성과 반지성

우리의 이 시대는 고민이 없다. 우리의 이 사회는 고민을 용납하지도 않으며 고민에 투신하기보다 그로부터 가능한 한 멀리 회피하기를 요구한다. 우리의 이 풍토는 고민이 무엇인가에 대한 이야기를 하지 않으며 무엇을 고민하는가에 대해 고백하지 않으며 왜 고민해야 할 것인가에 관해 설명하지 않는다. 오늘의 이 세태는 고민이 동반하는 슬픔을 경멸하며 그것이 지니는 어떤 힘을 두려워하며 그 슬픔과 힘에 대한 신념을 갖지 못한다. 우리는 회의와 질문으로부터 밀려나 일방적으로 주어지는 지시와 해답에 복종한다. 우리는 찌푸린 얼굴 위에 명랑한 가면을 써야 하고 오열하는 육성을 누르고 가성의 구호를 외워야 한다. 그리하여 고민이란 단어는 퇴색하고 그것이 연상시키는 진지한 표정들은 사라지며 그것의 무서운 창조력과 유쾌한 파괴력은 이해되지도 않는다.

우리는 무념하기를 요구하는 세계 속에 살고 있다. "생각하라, 그러면 우리는 존재한다"의 것이 아님은 물론, "존재하라,

그러면 우리는 생각할 것이다"의 것도 아닌 상황에 놓여 있다. 오히려 우리에게는 "생각하지 말라. 그러면 우리는 존재할 것이다" 혹은 "존재하라, 그러나 생각하지 말라"의 역설이 보다 강력한 호소력을 갖는다. 이런 침통한 역설은 우리 주위에 미만해 있다. 비극적인 감정은 희화화되고 고뇌 어린 언어는 우화로 변색하며 니체의 이른바 '피로 쓴 글'은 조소와 함께 내동댕이쳐진다. 이 희화를 그리는 진통, 우화를 만드는 아픔, 조소를 감내하는 정열은 이제, 우리 상황에서 유해하다는 공포감이나 치사스럽다는 질시감을 훨씬 넘어 무의미하다는 것으로 간주되기까지 한다.

여기서 지식인은 무엇을 할 수 있을까. 좀더 적극적으로 말한다면, 고민하기 위해, 고민을 던져주기 위해 태어난 지식인은 이제 그 고민에 대한 아무런 보상도 받지 못하며 그 고민을 함께 나눌 반주자를 얻지도 못한다. 아마, 오늘의 우리 지식인들처럼, 지식 계층이 형성된 이래 무시되고 위축되는 경우도 거의 없으리라. 그들은 세속적인 생활에의 단계로부터 창조와 탐구의 주체로서의 자유인의 수준에 이르기까지 경멸받고 봉쇄당한다. 외부의 모순을 자기의 내적 고통으로 받아들이는 지식인의 수는 철저하게 감소되고 그들의 영역은 지독하게 제한되어 있다. 그리하여 그들은 최인훈의 「총독의 소리」처럼 지하의 언어를 사용하고 어쩌다 그것이 분출되었을 경우 수음하다 들킨 소년처럼 조롱당한다. 이런 분위기에서 지식인에게 무엇이 가능할 수 있겠는가. 이런 상황을 어떻게 해명할 수 있겠는가. 펜의 힘은 완벽하게 무시되고 칼의 힘이 완벽하게 증명되는 시대가 계속될수록 악순환의 비극을 지적하는 이외에 아무런 해답도 불가능할 것이다.

I. 원천적 고민

그러나 한국의 지성인이 갖는 고민은 가장 원천적인 데 있다. 권력층의 억압, 대중의 경멸, 지배적인 사회 계층으로부터의 소외 등, 비지성인으로부터 오는 외적 압력은 그 자체가 지성인의 존재를 입증하며 그것을 환영하든 시기하든간에 거기에서부터 지성인의 존재 이유를 확인할 수 있다. 지성인은 소크라테스와 키케로 이후 언제나 지배자로부터 등에(虻)로 취급받아왔다. 몇 년 전 최고 권력인이 '일부 학자·일부 언론인·일부 학생들'이 우리 사회의 저해적 인물들이라고 지적했을 때 지성인에 대한 등에관(觀)이 솔직하게 드러났다. 한때 유행하던 '정치 교수'란 말 역시 지성인에 대한 권력층의 시기와 경멸이 잔뜩 담겨 있다. 여기에서 지성인은 저항으로써 자기를 드러내는 것으로 충분하다. 시기에 오연하고 경멸에 경멸적인 태도를 취하며 권력층의 근시안을 공격하고 대중의 무지를 무시하는 비판적 태도로써 자기의 자리를 굳힐 수 있다. 가령 드골 장군이 재집권했을 때 사르트르가 한 "나는 독재 정치를 증오한다. 그러나 드골을 택하느니 차라리 독재 정치를 택하겠다"는 독기 있는 말은 그것으로써 지성인의 오기와 저항, 증오에 대한 경멸을 충분히 나타내고 있다. 아이젠하워 장군이 대통령에 취임한 2년 후 "지성인이란, 자기가 알고 있는 것보다 더 많은 것을 말하기 위해, 필요한 것보다 더 많은 이야기를 지껄이는 사람들"이라고 정의한 데 대해 지성인은 범용(凡庸)이 지배하는 시대라고 일축하는 것으로 끝난다. 지성인이 자기에게 내려지는 유형무형의 억압과 간섭에 대해 경멸이든 도전이든 비판이든 저항의 의사를 표현할 수 있는 한, 지성인이 느끼는 위기감에서 지성의 가장 큰 역량과 아량이 발휘될 수 있었다.

그러나, 다시 말하건대, 한국의 지성인은 원천적인 위기감을 갖고 있다. 그것은 절대적인 것이다. 지성인이 등에의 노릇을, 그러니까 자신의 존재를 위협하는 외부의 압력에 대항하며 싸울 수 있는 무기를 갖지 못한 것이다. 칼과 펜과의 싸움이 물리적인 데 있는 한 펜이 이길 수 없을 것임은 너무나 자명한 일이다. 그러나 우리 지성인은 그 펜마저 빼앗겨 있는 것이다. 무엇을 가지고 저항할 수 있을 것인가. 아무리 위대한 석학이라 하더라도 곤봉을 찬 순경 앞에 두 손을 내맡길 수밖에 없다. 순경이 '무엄하게' 대학자의 손을 주저없이 묶는 한, 펜이 배경으로 하고 있는 신뢰와 존경은 파산되고 초췌한 지성인의 가냘픈 손목만이 치사하게 남아 있는 것이다.

다시 한번 그러나, 한국의 지성인은 내부로부터의, 소위 지식인 자신으로부터의 와해 공작을 받는다. 같은 지식 계층으로서 지성인의 면모를 한 지식인의 이 공작은 상당히 설득력 있고 교묘하게 조작되며 소리없이 침윤한다. 그것은 현실적으로 정당하게 보이며 전체를 통찰하기에는 아직 부족할 지성인을 격려하는 인상을 주면서 지성의 와해에 적극적으로 작용한다. 리처드 호프스태터는 지성인의 최대의 적이 바로 지성인의 모습을 한 사이비 지성인임을 명쾌히 지적하고 있다. "어떤 경우든 반지성론은 사상을 증오하는 사람들의 창조물이 아니다. 전혀 그와 반대다. 식자층의 가장 효과적인 적이 반식자층일 수 있는 것과 똑같이 지도적인 반지성인은 사상에 깊이 관련된 사람들, 흔히 이것저것, 낡은 또는 거부된 사상에 관련된 사람들이다."『미국인 생활에 있어서의 반지성론』으로 퓰리처 상을 획득한 호프스태터가 지성인에 대한 경멸적인 용어 '에그헤드 *eggbead*'의 어감의 변화를 해설한 데서 지성인의 적은 반지식인이란 희화적인 예를 발견할 수 있다. 그에 의하면 '에그헤드'는 원래 불쾌한 연상을 일으키지 않는, '하이브라우'란 말보다 더 날카로운 의미를 포함하고 있었다. 1952년의 대통령 선거 때 칼럼니스트 알솝 형제의 대화에서 이 점이 입증된다. 형 스튜어트 알솝이 동생 존에게 "정상적으로는 분명히 공화당원인 지식인 상당수가 스티븐슨을 예찬한다"고 지적하자 존이 형에게 말했다. "확실하죠. 에그헤드는 모두 스티븐슨을 좋아하죠. 그렇지만 거기에 에그헤드가 얼마나 있다고 생각되우?" 이 선거가 끝난 직후 대중 작가 루이스 블룸필드는 그것을 다음과 같이 정의했다:

에그헤드: 사이비적으로 지성인인 척하는 사람으로 흔히 교수거나 교수의 똘만이. 근본적으로 피상적임. 어떤 문제에 대한 반작용이 감정 과잉적이며 여성적임. 건방지고 넌덜머리나는 변덕쟁이며 보다 건강하고 유능한 사람의 체험을 경멸함. 근본적으로 사고의 혼란을 일으키고 감상과 과격한 복음주의의 혼합 속에 빠져 있음……

이렇게 지성인에 대한 야유적인 매도는 바로 같은 지식 계층인 한 작가에 의해 이루어졌던 것이다.

삼선 개헌이 있기 약 1년 전인 1968년 가을, 『신동아』 필화 사건이 계기가 되어 언론계에 광범한 자기 비판이 있었다. 기자가 연행되고 편집인이 소환되며 발행인이 기관에 출두하는데도 거의 보도되지 않거나 과소 보도된 데 대한 책임 추궁이었다. 이 같은 언론 위축의 원인은 어디 있는가, 외부 권력의 지나친 압력 때문인가, 내부의 무기력한 자포자기 내지 순응주의 때문인가. 이런 논의를 둘러싸고 '사이비'란 단어가 상당히 애용되었다. 물론 여기서 단 하나의 대답만 나올 수 없다. 권력의 억압과 언론인 자신의 무기력이 언론 위축에 상승적인 효과를 내었음은 틀림없다. 그러나 한국 언론 위축의 책임에는 언론인 자신이 그 반 이상을 지지 않으면 안 된다. 발행인·편집인·기자 들이 권력을 적게 이용하는 대가로 크게 이용당한 것, 순진함으로 해서 사태를 오판, 자신도 모르게 신념으로써 자신에 대한 탄압에 가세한 것은 충분히 있을 수 있었다. 그리하여 신문사로부터 물러난 천관우씨가 지적한 '연탄 가스에 중독된' 현상이 일어났다. 그것은 약간 마셨을 때 별다른 지장을 일으키지 않지만 그만한 정도로 저항감을 약화시키고 그리하여 모르는 사이 더 많은 가스를 마시게 되면 신체 기능의 마비를 일으킨다. 신체가 마비된 만큼 위태함을 느끼는 의식 이상으로 행동화하지 못하고 행동화하지 못하므로 더 많은 가스를 마셔야 하는 악순환이 계속된다. 이러한 현상은 히틀러에 대한 독일 지식인의 태도를 연상시킨다. 나치즘이 일어났을 때, 이 정도는, 하고 양보한 지식인들은 히틀러의 횡포가 점차 심해지자, 여기까지는, 여기까지는, 하고 한 발짝씩 뒷걸음질했다. 그러나 그들이 어느덧 벼랑에 서 있음을 깨달았을 때 이미 그들은 약간의 저항도 불가능함을 절감해야 했다.

지식 계층에 의한 지성의 와해 현상은 이미 광범하게 퍼져 있다. 이것을 단적으로 설명해주는 것이 '어용' 혹은 '사이비'란 접두어의 남용이다. 어용 교수·어용 문인·어용 예술가·어용 학자·어용 언론인······ 그리고 사이비 언론인·사이비 지식인·사이비 교육자·사이비 문화인······ 이들은 너무나 자명한 일이지만 분명히 지식 계층의 출신들이고 지식 산업에서의 활약이 크며 애국과 반공과 근대화란 가장 정당한 명분을 갖고 있다. 이들은 자신이 '어용'이라든가 '사이비'란 생각은 틀림없이 갖지 않았을 것이다. 아마 이들은 자신의 언행을 신념의 표현으로 믿고 있을 것이며 그리하여 학자·예술가 등 지식 계층이 불가피하게 가져야 할 자유를 위험한 방종으로 볼 것이며 지성인들이 필연코 취하는 비판적 자세를 파괴적인 악덕이라고 경고할 것이다. 이들은 지성인이 너무 순진해서 현실을 모른다고 충고하거나 너무 이상주의적이어서 원칙적으로 찬성하나 그것을 순순히 받아들일 계제가 못 된다고 판정할 것이다. 이들은 지성인이 너무 안이하다고, 너무 무모하다고, 너무 음울하다고, 너무 부정적이라고 비판하면서 지성인의 정도(正道)는 그것이 아니라고 설득할 것이다. 그리하여 많은 지식인들이 설득하고 전화되며 그에게 충고하는 동료 지식인의 사고를 닮아갈 것이다. 이러한, 지식인의 반지성적 태도에 대한 몇 개의 예를 소개하는 것으로 그 구체적인 모습을 보일 수 있다.

1) 지난 4월초, 크리스챤 아카데미 주최의 양극화 세미나 최종 종합 보고회 때 각 분과의 보고는 부정적 양극화 현상을 방관 내지 조장하는 책임으로 정부를 향해 공격의 화살을 쏘았다. 한참 대정부 비판이 활발할 즈음 토론 참석자 C씨가 발언을 얻었다. 전직 교수로 권력 핵심부의 자리에 기용된 그는 대략 이런 요지의 말을 했다: "여러분의 고민은 내가 보기에 우리의 고민에 비해 밀도도 약하고 덜 절박하며 덜 포괄적이다. 책임 없이 비판하고 잘못을 지적하는 고민이란 별로 어려운 일이 아니다. 그러나 우리는 우리의 결정이 국가에 중대한 영향을 미치므로

그 결정이 이루어질 때까지 그야말로 심각한 고민에 빠진다. 여러분들이 이러한 우리의 고민을 이해한다면 그처럼 혹독하게 비판하기보다 건설적인 협조의 태도를 취하는 것이 현명하다는 걸 깨달을 것이다." 여기에 두 명의 참가자가 항의를 했다. 경제학자 R교수: "국민 소득의 30%를 사용하는 정부가 그 정도의 고민도 하지 않으려는 것은 이상하다. 그만큼 가져다 쓰면 그만큼 고민을 하든가, 그렇게 고민하고, 또 비판받고 싶지 않으면 조세를 3%로 줄여 야경 국가를 만들든가 할 일이다." 언론인 N씨: "환자가 의사에게 찾아왔다. 의사는 그가 암에 걸렸음을 알면서도 눈도 좋고 귀도 좋고 이도 건강하다는 이야기를 다 한 후에 당신은 암환자라고 말할 수 있겠는가. 환자가 먼저 듣고 싶고 의사가 먼저 이야기해야 할 것은 당신은 암환자라는 치명적인 질환의 지적이 아니겠는가."

2) H일보 I논설위원은 기자협회보(1971년 2월 12일자)에 「신문에도 언론 자유가 있는가」란 글을 발표했다. 한국의 언론에 대해 낙관적인 견해를 가진 그는 미국의 어느 강연회에 참석, 청중으로부터 한국에 언론 자유가 있느냐는 질문을 받고 "한국의 신문은 필자의 경험으로 보아도 야당을 칭찬하기는 쉬워도 여당이나 정부를 치켜세우면 '사꾸라'라는 오해를 받기가 일쑤라는 심리적 압박을 받는 일이 많다. 그것은 설명하기 어려운, 일종의 언론계를 지배하는 분위기처럼 되어 있다. 정부가 하는 일에 부정하는 것보다 긍정하는 데 더욱 큰 용기가 필요한 경우가 많

다"고 대답했음을 술회하면서 그 대답이 정직했는지 어땠는지 다시 자문한 끝에 자신의 솔직한 생각이었다고 고백한다. 그는 물론 한국에는 미국에서와 같은 언론 자유가 없음을 인정한다. 그러면서 그는 계속한다: "하지만 어느 경우에나 국가 이익을 경시할 수 없고 안정과 발전을 지향하는 향도로서의 언론에 설사 그런 자유가 주어졌다고 해서 우리의 언론이 그것을 남용할 까닭은 없다. [……] 한국엔 언론 자유가 없다고 외국에서 말한 신민당 대통령 후보의 기자 회견담이 국내 신문에 게재되는 현실이 그대로 지속되는 한 자유 언론에 적신호가 올랐다고 보기에는 어려운 일이 아닐까 한다." 그러나 한 달쯤 후, 교련 반대에 나선 학생들은 2년여 전, 삼선 개헌 당시보다 더욱 격렬하게 언론의 적신호를 각성시켰고 I씨가 근무하는 H일보에서도 4월 중순 기자들에 의한 언론 자유 수호식을 가졌다.

3) 정치학자 노재봉씨는 『문학과지성』 창간호에 「한국의 지성 풍토」를 기고한 바 있다. 상식적인 수준 이상의 독자라면 그가 어떤 문맥에 의해 무슨 의도로 이 글을 썼는가 충분히 이해할 수 있는 진지한 논문이었다. 그는 한국에 진정한 지성과 그것이 활동할 토양이 이루어지지 못하고 있음을 고통스레 지적하고 있는 것이다. 물론 그의 견해가 모든 사람에게 절대적인 정당성으로 받아들여지길 기대할 수는 없을 것이다. 하여간 「한국의 지성 풍토」에 대한 반론이 제기되었다. 그것이 양동안씨의 「지식인의 자기 모멸 행위에 대한 비판」(『정경 연구』, 1970년 12월호)이다.

그는 요컨대 노씨의 지성 부재의 한국 풍토에 대한 비판을 '자기 모멸 행위'로 판단하면서 "자기를 제외한 한국의 지식인들에게 결코 마땅하다고 할 수 없는 그와 같은 비난을 가한 것은 동료 지식인을 배반한 비열한 행위"라고 규정한다. 그의 맹렬한 비난은 계속된다. "오늘의 '한국 지성 풍토'가 왜곡되었다면 그러한 왜곡을 결과하는 데 있어서 노씨가 한 것과 같은 유의 행위가 크게 공헌을 해왔던 것이다. 또 노씨가 그가 비난한 한국의 지식인의 일원으로서 그 자신을 생각했다고 하더라도 그것은 자학 행위 이상이 되지 못한다. 도대체 지금의 현실이 지식인에 대하여 무엇을 요구하고 있는데 그런 자학 행위를 하고 있을 것인가?" "노씨가 만일 스스로 싫어해 마지않는 마키아벨리나 혹은 존 로쉬가 되기를 원하지 않았다면, 그는 적어도 한국의 지식인으로서 자부할 수 있는 점을 뽑아내어 격려하는 태도를 보였어야 할 것이다." 여기서 굳이 노씨의 글을 변호하기에는 양씨의 글이 너무나 당치 않은 상대다. 프롤로그로부터 에필로그에 이르기까지 철저하게, 세련되지 못한 악의에 찬 지식만 있을 뿐 논리는 철저하게 상실당한 이 글이 한 지식인의 고뇌와 그것이 표현되는 논리를 이해해주기를 바란다는 것은 너무 큰 희망이리라. 다만 그의 표현대로 지성인의 고뇌가 '동료를 배반'하여 "자학 행위 이상이 되지 못한다"는 강변이 얼마나 많은 지식인을 굴복시켰고 그리하여 우리의 지성 풍토를 황무하게 만들었는가 짐작할 뿐이다.

4) 잘 알려져 있지만 작년 초여름, 시인 김지하씨가 『사상계』에 발표한 담시 「오적」으로 반공법의 적용을 받아 구속되었다. 문단보다 정가에 심각한 파동을 일으킨 이 시가 과연 이적인가 어떤가 하는 토의가 약간 행해지면서 표현의 자유와 한계에 관한 문제들이 다시 제기되었다. 이즈음 한국일보(6월 6일자)는 「우리도 할말 있다」고 나섰다. 부제를 '이성 잃은 국회 탈선과 망발을 경고한다'로 한 이 사설 중 약간 길지만 「오적」과 그 작가에 대한 논평 부분만 옮겨본다.

문제의 담시는 일종의 광가광언(狂歌狂言)에 속하는 것이라 생각되며 인인현자(仁人賢者)로서는 정면으로 상대할 것이 못 된다고 여겨진다. 우리의 견해로는 이 맹랑한 헛소리는 사직의 재량에 따라 문제를 삼을 수도 있고 물시간과(勿視看過)할 수도 있는 것이라고 생각한다. 만일 그 내용을 본정신을 가지고 그대로 대한다면 그것은 국가의 모든 권위를 부정하는 일이 되며 대한민국의 현체제를 전면적으로 부인하는 것이 된다. 그 담시가 우리 국가와 국민 전체를 도매금으로 전면 부정하는 것이라면 그것은 '폭력 혁명'을 선동하고 북괴 도당에 부종(附從)하려는 결과로밖에는 되지 않는 것이다.

그러나 전문(傳聞)되는 바에 의하면 담시 작자는 북괴 도당의 대남 정책인 '전면 부정'의 결의가 무엇인지도 모르고 함부로 붓재주를 놀리는 피해 의식과 과대망상에 젖은 노이로제 환자였다고 한다. 만일 그렇다면 그 작자는 무당의 물이 내렸거나 귀신잡기에 홀린 정신의 소유자가 아니면 그 작품은 소위 무당들의 '대감놀이' 넋두리나 미숙한 판소리 흉내로밖에 보이지 않는 것이다. 따라서 이런 것을 가지고 문학 작품이라고 할 수 있느냐의 여부는 또한 여기서 문제시할 필요가 없다고 본다.

물론 정확히 알려진 것처럼 시인 김지하씨는 노이로제 환자도 신들린 무당도 아니었고 그의 작품도 광가광언의 넋두리나 흉내가 아니었으며 아직 반공법에 대한 유죄 선고를 받지도 않았다(계류중인 채 작년 여름 보석된 이후 이제껏 재판은 진행되지 않은 것으로 알려지고 있다). 문제는 이 사설 필자의 의식 수준에 있는 것이 아니라 그의 '광언광설'이 소위 유수의 신문을 통해 발표되는, 억지가 횡행하는 사회, 우리의 경우 최고의 지식 계층으로 평점되고 있는 신문의 놀랄 만한 이 우직에 있는 것이다.

5) 지성이 활약할 수 있는 근거가 비판의 자유에 있다면 아마 언론계가 그 자유의 강약 여부를 가장 민감하게 느끼는 곳일 것이다. 따라서 신문은 항상 언론 자유를 요구해왔고 언론 담당 당국은 언론 자유의 한계를 제시하여, 그 충돌은 우리나라뿐 아니라 외국에서도 자주 발견된다. 그리하여 소위 언론 정책의 방향과 그 현실화 정도는 그 나라의 자유의 밀도를 측정하는 좋은 척도가 된다. 다음은 언론 정책의 주무 장관과의 인터뷰에서 발췌한 것이다(기자협회보, 1969년 5월 2일자).

문: 국가 이익과 관련된 언론 자유에 대해서……

답: 공통의 광장에서 입장을 같이하면서 하는 비판은 무제한입니다. 그러나 입장을 달리하면서 싸움을 위한 비판, 비판을 위한 비판은 곤란한 것입니다. 어떤 결론을 위한 비판, 건설을 위한 비판, 전진적인 비판은 좋습니다.

문: 시대적인 국가 이익에 부응하기 위해서는 자제를 해달라는 말씀인데 그 자제란 결국 비판의 자유를 제약하게 되지 않을까요?

답: 다 같이 비판하는 데도 극악한 방법이 있고 모랄리티하게 비판하는 방법도 있습니다. (답변자는 서울서 10마일 안 떨어진 휴전선의 위협과 우리의 정치·경제·국방에서의 발전과 안전의 필요성을 역설한 후) 이런 상황하에서 우리 언론은 누구한테 구속당한다는 뜻이 아니라 스스로 자제를 해야 할 입장에 있는 것이 아니냐는 의미에서 언론의 자유·자주는 조금 형태를 달리해야 한다, [……] 먼저 스스로가 협조를 했으면 좋겠다, [……] 진정한 자유가 그 속에 있는 것이 아니냐, 그렇게 생각하는 것입니다.

오늘의 우리 언론 정책을 대변하는 데 가장 좋은 예가 될 인터뷰의 논리를 그대로 따른다면 오늘의 우리 지성 풍토가 당면하고 있는 분위기는 지극히 당연하게 보인다. 신문들은 '밝은 기사' '아름다운 이야기'를 만드는 것이 바람직한 편집 방향으로 되었고 경제 학자들은 낙관적인 통계 숫자를 늘어놓아야 했으며 영화와 연극에서는 '어둡고 우울한 장면'이 회피되었다. 언론 기관들은 '협조'했고 '해도 좋고 안 해도 좋은' 말초적인 비판으로 '건설을 위한 비평'의 기능을 수행했다. 그러나 '공통의 광장'과 '같은 입장'에 대한 콘센트 아닌, 콘센서스가 없는 한 '자제'란 포기로의 지름길이 된다. 그 포기의 결과는 2년 후 '본연의 기능을 거의 거세당한' 기자들의 '권리 위에 잠잔 스스로의 게으름'이란 자각으로 낙착되는 것이다. 그리고 그 '협조'는 역시 2년 후 문득 자기들의 위치를 깨달은 기자들에게 '외부로부터의 불법부당한 제재와 간섭'으로 정체를 드러내는 것이다.

II. 지성의 퇴화

이상의 몇 실례에서 지식인이 지식인을 어떻게 유혹하는가 하는 몇 개의 설득 논리를 추출할 수 있다. 지식인의 고민이란 세부적인 것이다, 혹은 지식인이 자유가 없다고 비난할 수 있는 만큼 아직 우리는 자유를 향유하고 있는 편이다, 혹은 지식인이 우리에게 자유가 없다고 또는 지식인이 타락했다고 주장하는 것은 자학이다, 지성이란 병적인 데, 파괴적인 데 있는 것이 아니며 건강한 지식인이란 협조하고 자제할 줄 아는 지식인을 말한다…… 여기에 많은 사람들이 개종했고 새로운 '소신'으로 '비판을 위한 비판'을 '지양'했다.

과연 그럴까? 이 방면의 논자들은 지식인 *intelligent*과 지성인 *intellectual*으로 구분하는 것이 일반적이다(우리나라에서는 일반적으로 지식인이란 말이 지성인까지 포함한 포괄적 의미로 사용되고 있다. 본문에서는 이 포괄적인 의미 사용과 마찰을 일으킬 위험에도 불구하고 가능한 한 양자를 구분하여 사용했다). 전기 호프스태터의 명쾌한 설명에 의하면 "지식은 아주 좁고 즉각적이며 가시적인 한계내에서 활용되는 정신의 탁월함이다. 그것은 조작적이고 조정적이며 어김없는 실용적 자질이다. 지식은 제한된 그러나 명백히 선고된 목표의 구조 안에서 작용하며 그 목표를 이루는 데 아무런 도움을 주지 않는 것처럼 보이는 회의적 사고는 재빨리 팽개쳐버린다. 반면 지성은 비판적이고 창조적이며 정신의 명상적 측면이다. 지식이 포착하고 조작하며 재정리하고 조정한다면 지성은 음미하고 사색하며 회의하고 논리화하며 비판하고 상상한다. 지식은 상황 안에서 즉각적인 의미를 포착하여 그것을 평가한다. 지성은 평가를 평가하고 전체로서의 상황의 의미를 탐구한다"(앞의 책, p. 25).

양자간의 구별은 뚜렷하다. 가령 한 기계를 고안하고 그것이 어느 정도의 효율성을 가지며 다른 기계와 어떤 관계를 맺을 것인가를 음미하는 사람이 기사이고 그 기계를 설계에 따라 주물하고 제작하여 조립하는 사람이 기능공이듯, 경제 개발을 주어진 목표에 따라 입책하고 수행하며 통계를 내는 사람이 지식 기능공이고 그 개발 계획의 방향을 설정하고 그 의의와 문제점을 검토하여 그 효과를 음미하는 사람이 지식 창조자이다. 한 사회에는 양자가 모두 필요하다. 그리고 지식인이 지성인다운 태도를 취할 수도 있으며 지성인이 지식인을 겸할 수도 있다. 그러나 분명한 것은 지식인에게 설정된 목표와 수단이 필요하듯, 지성인에게는 상상하고 창조하며 검토할 자유와 비판 정신이 있어야 한다. 그에게 탐구와 표현의 자유, 그리고 비판할 토대가 없음은 기능공이 아무런 연장 없이 기계를 만드려는 것보다 더욱 혹독한 일이다.

지성인은 실제로 무능하고 무위한 존재로 보인다. 그러나 그들의 게으른 명상, 무위한 고집 속에서 새로운 창조가, 예술의, 정신의, 학문의, 과학의 창조가 이루어진다. 엄격히 말하자면 지성인은 실용적인 것도, 비실용적인 것도 아닌, 초실용적 *sur-practical*, 적어도 실용 외적 *extra-practical*인 것이다. 그런 만큼 그들에게는 자유란 주어질수록 좋은 것이며 자유가 많을수록 더 많은 실용성을 창조해낼 수 있다. 지성인의 창조적 기능에 불가결한 자유가 제한되어야 한다면 그 자체가 분명한 손실을 의미하고 그 손실의 보상책은 자유 그것 외에 어떤 것도 없는 것이 확실하다.

지성인에게 창조의 자유 못지않게 중요한 것이 비판의 자유다. 비판이 허용되지 않는다면 비판이 돼야 할 행위의 참뜻이 결코 밝혀지지 않으며 그것이 범할 오류가 조정되지 않으며 그 행위 다음에 올 행위에 대한 대책이 마련되지 않는다. 비판의 자유야말로 일방화하는 추세를 저지하며 화석화의 위험을 타개한다. 만일 비판에 어떤 한계가 있다면 그 한계의 존재 자체가 그 사회의 모순을 나타내는 것이며 그 모순은 비판 없이 극복되기 불가능한 것이다. 비판의 제약이 곧 비판의 대상이 됨은 너무나 자명한 귀결이다. 그리고 질문을 제기하고 현상을 비판하는 것이 지성인의 가장 근원적인 기능 중 하나임은 지극히 정당한 이야기다. 지성은 해답을 설명하는 것이 아니라 해답을 질문으로 전환시키는 역량이다. 가령 경제 개발 계획이 성공하여 GNP의 상승이 분명해졌다면 그 GNP가 얼마나 공평한 PI(개인 소득)로 배분되었는가 문제삼아야 할 것이며 그것이 이루어지지 않음으로 해서 빈부의 격차가 문제 의식으로 제기된다면 현행 경제 정책을 비판하며 그것의 극복을 요구할 것이고 그리하여 그 격차의 해소가 이루어진다면 거기서 유발될 생산 의욕의 감퇴 현상을 벗어나야 한다는 새로운 문제성을 포착해야 할 것이다. 따라서 지성인의 탐구는 무한한 의문의 제기이며 그 의문은 현재에 대한 두려움 없는 비판에서 솟아난다. 그에게 비판 정신이 없고 따라서 아무런 의문도 생기지 않는다면 이미 지성인이기를 멈춘 것이다. 또한 그것이 없다면 인류와 역사의 발전도 중단되었을 것이다. 그리고 사회는 화석처럼 굳어 있을 것이다. 신의 이름으로 의심의 표현을 억제하고 비판에 대해 무자비하게 탄압한 중세의 어둠이 오래 계속된 것은 이미 우리가 얻은 교훈이다.

오늘의 우리 지식 사회에 있어 가장 우울한 현상은 압도적인 지식 기능인의 수와 힘에 비해 지성인은 너무나 적고 미력하다는 점이다. 물론 지식 계층의 인구는 많다. 대학교수·학자·언론인·작가·예술인 등 마땅히 지성의 위력에 의하여 존경받아야 할 지식인은 도처에 있다. 그러나 계층이, 입장이 지식인의 면모를 지녔다 해서 결코 지성인이 될 수는 없는 것이다. 앞서 든 실례에서 지식인에게 마땅히 '협조'해줄 것을 요청하는, 또는 한 시인의 창작을 정신병자로 취급하는, 인간의 내적 고통에 대해 무지하고 상황 판단에 날카로움을 잃고 있는 발언자들을 지성인이라 부를 수 있겠는가. 우리에게 더욱 불행한 것은 과거에 지성의 힘을 발휘한 사람들이 지적 능력을 잃고 응고됨으로써 지식 기능인으로 퇴화화는 경향이 더욱 심해지고 있다는 점이다. 그리고 이 경향은 지난 10년 동안 현저하게 드러나고 있다.

오늘의 우리 사회에 왜 지적 풍토가 메말라가고 지성인의 성장이 억제되는가 하는 데 대한 구조적 원인을 여기서 굳이 살필 필요는 없을 것이다. 노재봉씨의 명쾌한 에세이 「한국의 지성 풍토」가 그것의 전통적·권력 구조적 원인을 적시했기 때문이다. 다만 그 논리에 추가하고 싶은 점은 지성인의 배출이 감퇴하고 있는 것과 지성인의 지식 기능인으로의 퇴화 현상이 현저하다는 그 사실이다.

선비를 숭상하던 근세 조선의 정신 풍토가 일제 시대에만도 잔유하여 지식인의 영향력과 그에 대한 기대가 컸다는 점은 잘 알려져 있다. 비록 식민지 지성인이란 불행한 모습임에도 불구하고 또 그렇기 때문에 지성인에 대한 기대는 오히려 지나치게 컸고 그것을 감당하지 못하는 지식인에 대해서는 그만큼 큰 실망을 느껴야 했다. 이러한 심리 현상은 춘원과 육당의 변절을 맞은 동료 지식인과 젊은 대학생들의 좌절감과 분노로 잘 대변된다. 이렇게 컸던 지식인의 권위가 파산된 것은 해방에 의한 지식인 사회의 충격적인 변화, 전쟁으로 말미암은 지적 의욕의 약화란 사회사의 저해 작용을 우선 들어야 할 것이다. 그러나 이에 못지않게 지식 사회의 약점으로 지적해야 할 것은 대학 교육의 변화다. 미국 실용주의식 교육 방법이 도입되고 많은 우수한 젊은이들이 지적 성숙을 이룩하기 전에 프래그머티즘의 본고장인 미국으로 유학갔다는 것은 우리 정신사에 있어 중요한 대목을 이룬다. 실용의 교육은 창조보다 응용을, 상상보다 실제를, 비판보다 순응을, 문제 제기보다 문제 해소를, 비판보다 낙관을, 허무와의 투쟁보다 현재에의 집착을 주입시켰다. 전통적으로 지성의 세력이 약하고 즉물적인 지식을 중시해온 나라의 정신이 물밀듯 우리 대학 사회와 국민의 정신 풍토에 파급되었다. 물론 실용주의의 장점은 명백하게 지적되어야 하고 그것은 근세 조선 이후 우리를 지배해온 공소한 명분주의를 극복할 수도 있을 것이었다. 그러나 신대륙에 '인텔리겐치아' 란 말을 처음 사용한 윌리엄 제임스의 나라에 치명적으로 지적되는 약점은 그들의 지식인사에 있어 한번도 드레퓌스 사건을 체험하지 못한 것이었다고 지적되고 있다. 발명가가 높이 존경되면서 이론 과학자에 대해서는 냉담한 미국 정신 풍토의 약점은 미국에서 공부한 우리 지식인에게도 상당히 적용되는 것이다.

더구나 미국 유학생이 귀국하여 사회의 지배 계층, 지식 사회의 주멤버가 되었을 때 사태는 악화된다. 호프스태터의 견해로는 미국 사회에는 전통적으로 지성인을 요구하지 않는 특징을 갖는다. 이것은 지성인이 경멸되었다는 점과 함께 미국은 지성인이 날카롭게 현실을 비판하고 나서지 않아도 건강하게 운행될 수 있는 사회 구조를 이루고 있다는 점을 의미한다. 그런 만큼 미국 교육 제도하에서는 전인적인 지적 훈련은 감소하고 기능 지식이 크게 강조된다. 따라서 미국 유학생의 지식은 미국과 같은 사회에서는 일탈과 오류 없이 활동될 수 있다. 그러나 지성인의 결단과 영향력이 더욱 절실한 우리나라에서는 기능 지식이란 아무런 내적 전통을 수반하지 않고 그대로 수단으로 격하된다. 안정된 사회에서 평온하게 사용될 기능 지식이 우리에게서는 지배자가 마음대로 악용할 수 있는 테크닉만으로 그치며 후진 사회의 정신 풍토를 리드할 역량으로 발전하지 못한다는 것이다. 가령 사회과학의 경우 미국 학계의 주류를 이루는 정치학의 행태주의, 경제학의 경영학 같은 것은 우리나라에서 미국에서와 같은 원래의 의의를 상실하여 선거를 조직하고 매판 자본으로 기업 치부를 시키는 테크닉으로 전락할 가능성을 충분히 갖는 것이다. 이들은 왜 선거를 해야 하는가, 경제 성장이란 무엇인가 하는 근원적 질문을 하지 않기 때문에 부정한 선거 조작이나 기업 축재를 죄스럽게 생각하지 않는 것이다.

이러한 현상으로 말미암아 더욱 소수 그룹으로 소외당한 우리 지식 사회에 지성을 탈락시키는 유혹적 요소가 강화됨으로 해서 사태는 더욱 악화된다. 60년대 이후 지성인의 강경한 태도를 연화시키는 지식인 자체의 오만한 설득과 함께 지성인을 일면 억압하고 일면 회유함으로써 지성의 탄력성을 둔화시키고 그들의 관심을 다른 곳으로 돌리는 정부의 대지식인 정책이 성공한 것이다. 정부가 많은 지식인을 필요로 했고 또 그들의 활약이 한국의 성장에 커다란 기여를 했음은 숨길 수 없는 사실이다. 그러나 지식인 사회를 결과적으로 볼 때 정부가 필요한 것은 기능 지식과 지식 기능인이었으며 지성의 비판과 지적 태도는 아니었다. 이러한 상황은 변방의 만족으로써 중화의 대륙을 지배한 청조가 유학을 어떻게 변경시켰는가 하는 데 대한 천관우씨의 다음과 같은 소개를 연상시킨다.

청대 고증학은 학문을 위한 학문으로 극히 '아폴리티컬(비정치적)한 것'이었다. 후일 청말의 격동기에 이르러 경세효용(經世效用)의 슬로건을 내건 공양학파(公羊學派)로부터 철저한 비판을 받게 된 것도 바로 그 비정치적 성격 때문이었다. 뿐만 아니라 청대에 고증학이 성행한 것부터가 저 사상에 유례없는 국가적인 대편찬 사업에 큰 원인의 하나가 있었던 것이다. 만주족 출신을 중심으로 한 청정(淸廷)은 한족의 전통적인 화이 사상(華夷思想)으로 청조 지배의 정통성이 무시당할까 두려워하여, 한편으로 수많은 문자지옥(文字之獄)〔필화〕과 막대한 금서로 한족 지식인들에게 가혹한 탄압을 가하고 한편으로 한족 지식인을 대규모의 편찬 사업에 동원하여 문인 우대, 문치 존중이라는 중국 전통의 계승을 과시하고 아울러 그들을 고서 속에 묻히게 하여 그 정치적 비판을 봉쇄한 것이다. 고증학은 이와 같이 민족 의식의 둔화를 위해 장려된 것이었고 또한 한족 지식인의 민족 의식 둔화 위에 강희·길융의 성대가 이룩된 것이었다. (「한국실학사상사」, 『한국문화사대계』 제6권 소수, p. 1018)

비판력을 상실케 하고 고서 속에만 안이하게 파묻히게 한 고증학의 문화가 마침내 서양 문명이 내습하자 얼마나 무력하게 와해되고 저항의 탄력이 마비되었는가 하는 사실은 너무나 잘 알려져 있다.

Ⅲ. 운명과 소명

외부의 압력에 저항하고 내적 화석화를 돌파하는 데 아마 지성인의 힘만큼 위력적인 것은 없을 것이다. 프랑스의 레지스탕스 지성인은 이를 명백히 입증해준다. 그들은 지성이 활약할 때 어떤 결과를 낳을 수 있는가를 실천해 보여주었다. 이 지성이 궐기함으로써 정의를 실현할 생생한 체험을 우리 또한 갖고 있다. 4·19 일주일 후의 교수단 데모가 그것이다. 그 160명의 대학교수들이 취한 침통한 행진은 '학생들의 핏값을 보답' 하는 혁명의 대업을 성공시킨 도화선이 되었다. 그 후 지성인에 대한 억압과 회유의 양면 정책은 가중되고 그 사이 지성의 굴절과 지식인의 이반(離反)이란 음울한 사태는 더욱 심각해졌다. 그러나 지성의 샘이 완벽하게 고갈된 것은 아니었다. 종교계·법조계·언론계·학계·문단의 60명 지성인이 모인 민주수호협의회의 발족은 우리 최근 지성사에서 중요한 면모를 보여준다. 해방 이후 각계의 지식인들이 자발적으로 구심점을 찾아 모인 것은 아마 처음일 것 같다. 둘째는 그들이 성명서의 채택이나 침묵 시위로 그친 것이 아니고 직접 일선의 행동에 나서 참여하는 지성의 모습을 보였다는 점이다. 이것은 3·1 운동의 서명 대표자나 4·26 데모의 시위 교수단의 조용한 저항으로부터 한걸음 나아가 도전하는 적극적 행동 양식을 취한 것이다. 셋째는 이들의 민주 수호 선언과 선택한 행동 방침이 광범한 지지를 얻었고 그리하여 대학생·기독교계·문단으로부터 많은 호응을 얻었으며 그 지지 세력을 평화적으로 조직하여 4·27 선거 참관인단으로 동원할 수 있었다는 점이다. 그러나 이들이 물리적으로 가냘픈 힘으로 소기의 목표를 달성할 수 있을는지, 혹은 꺼져가는 촛불의 마지막 광채의 의의로 끝날는지 지금으로서는 판단할 수 없다. 다만 여기에 첨가할 것은 이에 가담한 한 작가가 그 때문에 직장인 국영 기관에서 파면되었다는 점이다.

이와 함께, 이와 별도로 진행된 주목할 현상은 4월 중순에 있었던 언론 기관의 '언론 자유 수호 운동'이다. 4월 14일 동아일보가 "꺼져가는 언론 자유의 불씨를 되살리기 위해 불퇴전의 자세로 일어설 것"을 선언하면서 기관원 상주를 거부하는 등 3개 항을 결의한 것이 도화선이 되어 다른 중앙 일간지 7개사와 문화방송·합동·동화통신·현대경제·산업경제 등 10일 동안 13개 언론 기관이 외부 압력의 배제와 자체 정화에 나설 것을 선언했다. 언론 기관이 이처럼 연쇄적으로 자유 수호를 요구·선언한 것은 우리 언론사상 유례없는 일이었다. 그러나 언론 기관의 이 같은 일련의 결단이 어느 만큼 효력을 발생하고 실천에 옮겨졌느냐에 대해서는 상당히 회의적이다. 선언식이 있은 이후의 대부분의 신문들은 그 제작 태도에 있어서나 기사 내용에 있어 현실의 괴로움과 자유를 위한 저항의 모습이 거의 투영되지 않은 것이다. 아마 그들은 지성인의 권리인 고통에의 인내를 감당하기에는 너무 무력할지도 모른다. 상당수가 기능 지식인으로 탈락해버린 그들에게 지적 결단이 갖는 비극을 감수해달라기에는 이 시대가 이미 고민 없는 시대에 와 있는 것이다.

한 사람이 스스로 지성인임을 선언하는 것은 전폭적인 비극성을 내포한다. 그는 자신의 내부를 끊임없이 동요시키는 현세적 유혹과 자신의 선언을 줄기차게 회의시키는 타인의 무관심과 싸워야 한다. 남들이 차분한 행복감 속에 젖어 깊은 잠을 자는 동안 그는 절망적인 고독 속에 불면의 고통과 씨름을 해야 하며 대낮에도, 간밤의 미진한 악몽에 시달려야 한다. 남들은 그 풍성한 빛과 열을 즐기는 태양 아래서 그는 한구석 어둠의 조각을 찾아

다녀야 하며 깜깜한 한밤중에 한 줄기 별빛을 찾아 율리시스와 같은 방랑을 계속해야 한다. 보통 사람들이 무심하게 혜택을 향유하고 있을 때 그는 그 혜택을 증오하며 그 혜택 뒤에 숨은 결함의 그림자를 꼬집어내야 한다. 세계, 그것은 평범한 사람에겐 힘든 낙원이겠지만 그에겐 '즐거운 지옥'이다.

그의 방에는 "글이 잘 안 되어 끙끙 앓는 뜨끈뜨끈한 이마가 있고, 간밤에 먹다 남긴 끈적끈적한 커피 찌꺼기가 있고 [……] 석 달 동안 줄곧 붓방아만 찧다가 결국 갈가리 찢어버린 어느 단편의 파지가 있고 [……] 소설도 실패하고 생활도 실패해서 분노가 훨훨 타오르는 붉은 눈이 있고, 네 시간에 겨우 두 장을 써놓고 냉수를 더듬어 찾는 떨리는 손이 있고 [……] 그리고 '지금은 아침이다'라고 알리는 눈부신 햇살이 창문에 와 있고, 초조가 있고 후회가 있고 분노가 있고 그리고 그런 것들이 한데 똘똘 뭉친 가장 무서운 좌절이라는 것이 있는 것이었다"(홍성원, 「즐거운 지옥」). 이 분노와 초조와 후회, 그리고 좌절…… 지성인에게 부여되는 이 같은 고통들은 무엇인가. 그것이 바로 지성의 속성이며 그를 통해 인간은 지성인의 자기 확인을 얻는 것이다. 고민은 결코 지성인의 액세서리나 제스처가 아니라 그 자체가 지성이다. 근원적인 고민 없는 지성이 있을 수 있는가, 지성 아닌 고민이 있겠는가. 인간은 고민을 통해 성숙하고 승화하며 지성을 통해 성숙하고 승화한다. 그는 자신의 내부에 대해 고민하고 자신의 작업에 대해 고민하고 외부에 대해, 타인에 대해,

사회에 대해 고민하고——그리고 고민 없음에 대해 고민한다. 지적 태도는 이 고민하는 자세에서만 발견된다. '어떤 한국 정치학자의 경우' 고민을 고집하는 데서 '자기를 긍정하는 유일한 실존적 선택'임을 발견한다 해서 조금도 이상한 일이 아니다.

정치학자의 최소한의 자존심을 지켜보는 유일한 길이 끝내 고민을 고집하여보는 것이라는 일견 허황된 결론이 전혀 무의미하지 않을 수도 있을 것이다. 그것은 반드시 선비의 전통을 재창조할 일차적 의무가 정치학자에게 있다는 역사 의식 때문만은 아니다. 정치의 혼란 속에서도 마지막 지성의 한 토막을 끝까지 지켜보는 옥쇄의 정신이 넘쳐흘러서만도 아니다. 한국 정치와 더불어 살아가야 하는 어떤 정치학자의 경우엔 그것이 자기를 긍정하는 유일한 실존적 선택이라는 생각이 머리를 떠나지 않기 때문이다. (이홍구, 「고민으로 향한 고집의 자세」, 『문화비평』, 1971년 봄)

여기서, 자신과 외부에 대한 결단성 있는 도전이던 지성인의 선언은 운명적인 소명으로 전환한다. 그것은 결코 비극을 위한 비극을 연출하는 것도 아니며 비판을 위한 비판자란 누명을 쓰기를 거부하는 것이며 자존심을 위한 허세가 아님을 확인하는 것이며 고민 그것인 지적 태도와 지적임으로 해서 다가올 모든 희생을 따뜻한 애정으로 받아들이는 삶의 양식이다. 그리고 이 양식은 창조와 비판의 자유로 이루어진 가장 위대한 모습이며 이러한 양식으로부터 그 창조의 자유와 비판의 자유가 뜯겨나간 앙상한 모습은 또한 가장 비참한 모습 중의 하나다.

이제, 이 앙상한 양식이 우리 지식 사회를 이미 침식하여 지배하고 있다. 지성인의 퇴각은 무참하여 반지성적 세력과 대적할 힘과 무기를 잃었고 마침내 그 명분도 박탈될 즈음에 있다. 그리하여 항복의 손을 내밀지 않는 것만으로 우리 사회에서는 가장 훌륭한 지성인의 모습이 되었다. 행동하지 않고 깨어 있는 것만으로도 가장 용감한 결단이 되었다. 깨어 있음, 그리고 침묵을 지킴은 지극히 소극적인 자세임에도 불구하고 이에 그것은 용기 있는 실존적 선택이며 그 선택은 운명적인 소명감의 가장 현실적인 표현이 되고 있는 것이다. 〔1971. 여름〕

원문 출처

「사회 변화와 지성의 역동성」——김병익·정문길 편, 『오늘의 한국 지성, 그 흐름을 읽는다: 1975~1995』, 문학과지성사, 1995.
「지식인에 대한 몇 가지 단상」——『문학과사회』, 1994년 겨울호.
「80년대: 인식 변화의 가능성을 향하여」——『문학과사회』, 1989년 겨울호; 『열림과 일굼』, 문학과지성사, 1991 재수록.
「미래 전망을 위하여」——『우리 시대의 문학』 제6집, 1987. 6; 『전망을 위한 성찰』, 문학과지성사, 1987 재수록.
「지식인됨의 고민」——『세계의 문학』, 1984년 겨울호; 『들린 시대의 문학』, 문학과지성사, 1985 재수록.
「지성의 형성과 패배」——『지성』, 1972. 3; 『지성과 반지성』, 민음사, 1974 재수록.
「지성과 반지성」——『문학과지성』 제4호, 1971년 여름; 『지성과 반지성』, 민음사, 1974 재수록.

문지스펙트럼

제1영역: 한국 문학선

1-001 별(황순원 소설선/박혜경 엮음)
1-002 이슬(정현종 시선)
1-003 정든 유곽에서(이성복 시선)
1-004 귤(윤후명 소설선)

제4영역: 문화 마당

4-001 한국 문학의 위상(김현)
4-002 우리 영화의 미학(김정룡)
4-003 재즈를 찾아서(성기완)

제5영역: 우리 시대의 지성

5-001 한국사를 보는 눈(이기백)
5-002 베르그송주의(질 들뢰즈/김재인 옮김)
5-003 지식인됨의 괴로움(김병익)